Hy!

Hypertexte

exposé vs exposition

www.projet-hypertexte.com

Le projet Hypertexte

Le projet Hypertexte observe, produit et diffuse des formes entre exposé et exposition – par là, il soutient ou participe à des expériences critiques et curatoriales.

Le projet éditorial de la revue Hypertexte est d'abord construit comme un commissariat : activer différents modes de pensée, dans un jeu de création, de recherche sur le langage et le regard sur l'art. Chaque numéro se développe à partir d'une question traitée avec des artistes, des auteurs et des structures partenaires en Midi-Pyrénées.

Hypertexte est édité par :
ED SPECTOR
5 r de l'Industrie
31000 Toulouse
www.projet-hypertexte.com

Directrice de la publication:
Béatrice Méline
info@projet-hypertexte.com

Ont participé à la conception de ce numéro :
Stéphane Aouine,
Jagna Ciuchta,
Hervé Coqueret,
Guillaume Pinard,
Babeth Rambault.
Ana Samardzija.

Nous remercions :
Delphine Binet,
Marc Dachy,
Bertrand Meyer-Himhoff,
Carine Mantoulan,
Samir Ramdani,
François Saint-Pierre,
Yvan Poulain,
Delphine Sainte-Marie,
et les auteurs.

Les partenaires :
Centre de photographie de Lectoure, CIAM - Université Toulouse le Mirail, École supérieure des beaux-arts de Toulouse, Espace des arts (centre d'art de Colomiers), LAIT (laboratoire artistique international du Tarn), Lieu Commun (Toulouse), Médiathèque des Abattoirs (Toulouse), Musée Calbet (Grisolles).
Le projet Hypertexte numéro 1 a reçu le soutien de l'Institut Polonais, de la Région Midi-Pyrénées et de la DRDJS de Midi-Pyrénées. La réédition de ce premier numéro a été permise grâce à la participation de la Mairie de Toulouse.

RÉGION MIDI-PYRÉNÉES — envie d'agir — institut polonais — MAIRIE DE TOULOUSE

Hypertexte n°1

PASSER À L'ACTE

Passer à l'acte

« Je vais entrer ici dans le vif du sujet, sans autre forme de procès. L'Assistant (…) m'avait dit :

- (…) Mettez tout cela par écrit, sans rien cacher, car rien n'est plus émouvant que l'expérience vécue et l'observation directe. Evitez surtout toute littérature, car le sujet en vaut la peine. (…) Je dois donc m'excuser de certaines mutilations, malemplois, sauts de carpe, entorses, refus d'obéissance, arabismes, strabismes et immigrations sauvages du langage, syntaxe et vocabulaire (…).

Il se pose là une question d'espoir, d'autre chose. (...) Le problème (…) exige un renouveau très important dans les rapports, et je tiens donc à donner au langage employé dans le présent traitement une certaine indépendance. »

Citation tronquée de l'incipit de *Gros calin*, Emile Ajar, Folio, 1974.

Sommaire

De nouvelles contributions
à ce numéro sont mises en ligne sur
www.projet-hypertexte.com
› Pour en être informé, envoyez
"supplément" par mail à :
info@projet-hypertexte.com

Eye for an Eye
Artur Zmijewski,
vidéo, 1998.
Vidéo stills, courtesy
Artur Zmijewski.

ARTUR ŻMIJEWSKI + GERALD MATT (CONVERSATION)

PHILOSOPHIE À L'ACTE

Texte proposé par Jagna Ciuchta et traduit avec le soutien de l'Institut Polonais.

Ce texte a été publié en allemand et en anglais dans *Interviews 2*, conversations de Gerald Matt avec 42 artistes, ed. Kunsthalle Wien, 2008.

Questions traduites de l'anglais par Delphine Binet.
Réponses traduites du polonais par Jagna Ciuchta & Béatrice Méline.

Votre travail provoque souvent l'indignation publique. Votre stratégie artistique a parfois des effets perturbants. Dans des travaux comme *Out for a Walk*, vous prenez les handicaps humains et des humains handicapés pour thème en amplifiant la différence entre « normalité » et « handicap » jusqu'aux limites du tolérable. Est-ce que cela vous touche personnellement ? Vous avez dit que *Out for a Walk* était un film sur la faillite : pouvez-vous commenter ?

Je ne torture pas les spectateurs avec préméditation – c'est mon appréhension du monde qui est insoutenable. Je parle une langue qui ne me choque pas mais qui est problématique pour le spectateur.

Ce ne sont pas seulement les corps qui sont handicapés. Il existe des handicaps économiques et éducatifs. Dans la société elle-même, il y a un mélange de handicaps qui fonctionne en restant souvent invisible – par exemple, la différence ethnique peut avoir un effet de handicap mental. Il existe aussi des handicaps linguistiques – *« broken english spoken perfectly »*. Moi-même je parle un anglais international qui est devenu un dialecte global. Ce mix de handicaps crée des zones de mutisme » – il aliène les gens à l'intérieur d'une même société et il leur rend impossible l'articulation des besoins. La collectivité crée un réseau de handicaps qui permet aux uns de prendre des places dans la structure et l'interdit aux autres. La catégorie « handicap » est une catégorie du pouvoir – donner un statut de handicapé est arbitraire et sert au pouvoir sur les corps, au pouvoir sur les positions prises dans la structure sociale, et au pouvoir sur « la vie nue »[1] : ce nouveau-né est tellement handicapé, permettons-lui de mourir.

Différence entre normalité et handicap : regardons comment le statu quo entre les membres d'une société est instable. De petites infractions au contrat, aux standards de communication et la relation est brouillée, elle perd son effectivité, elle est presque désintégrée. Un petit écart est déjà une infraction ou une déviance. Les actions artistiques négocient ces limites. Et elles réussissent à les déplacer.

Mais parfois l'art, la culture, restent passifs. Dubravka Ugrešić, écrivain croate, en parle à propos de la guerre en Yougoslavie. Elle reconnaît qu'elle-même n'a rien fait pour arrêter le massacre. Elle n'a pas fait attention au venin produit par les politiciens et diffusé par les médias. Et là, comme dans le cas de l'ex-Yougoslavie, la culture participe au crime parce qu'elle renonce à entrer en résistance.

Out for a Walk et *Eye for an Eye* sont des modèles d'utopie, c'est pour cela que j'en parlais en termes d'échec. Néanmoins, en tant qu'appel à une solidarité humaine radicale, en tant que proposition de remplacement de « l'économie d'échange » par une « économie de don », ce film est un succès – les postulats qu'il contient se répandent encore.

On peut lire l'échec que raconte ce film d'un point de vue existentiel – c'est la confrontation avec les limites de la « vie nue », avec les limites du véhicule organique qu'est le corps. L'image n'est maquillée d'aucune consolation et d'aucun espoir médical. Le spectateur se retrouve face à face avec la cruauté de l'existence corporelle – avec les effets d'une maladie ou d'un accident. Ces faits et leurs conséquences sociales ne sont voilés par aucun « discours de consolation ».

---

1. Un des « mots d'ordre » de la Documenta 12. Les trois thèmes majeurs étaient : la modernité est-elle notre Antiquité ? Qu'est la vie nue ? Qu'y a-t-il à faire ? *Cet entretien est réalisé à l'occasion de la participation d'Artur Zmijewski à la Documenta.*

La chanson des enfants sourds et muets dans *Singing Lesson* est un mélange de cris, de râles, de hurlements, d'éclats de bruits étranges. Les enfants essaient d'imiter des sons qu'ils n'ont jamais entendus, avec des résultats aliénants. Le regardeur est-il censé apprendre quelque chose sur la beauté de ce qui est généralement perçu comme déficient ?

Il apprend que la beauté est aussi une catégorie idéologique et qu'elle peut servir à exclure du champ de l'échange et du champ visuel. La beauté en tant que catégorie sert à exercer un pouvoir sur le corps. On a appris à ces enfants que leur voix était laide – ce qui les remplissait de honte. Et la honte est un outil évident de contrôle des comportements, pour brider des caractères. Donc, ces enfants sourds, comme dirait Rancière : émettent des sons mais ne parlent pas.

Singing Lesson 1 et *Singing Lesson 2* transforment leurs voix en parole. Dans une autre interview, j'ai raconté *Singing Lesson* ainsi : *« Ces enfants sourds, ils chantent. Pour nombre d'entre eux le concept de son ne veut rien dire – n'a pas de signifié. Ils le ressentent au mieux comme une vibration. Et c'est justement eux qui créent la musique, qui chantent. Je pense que les sourds créent une réalité esthétique parallèle, linguistique – produisent une autre grammaire sonore. En chantant, ils montrent qu'ils sont vraiment différents, et ça, on ne peut pas le nier ou le voiler d'une quelconque "publicité sociale" pour le respect des différences. Ils sont autres et les entendants cherchent à avoir un contrôle sur eux, en leur apprenant à articuler des mots. On sait que ces mots "sourds" sont tordus et boiteux, donc on leur "interdit" de les utiliser parce qu'ils sonnent mal. Ce double discours les élimine efficacement de notre champ visuel, celui des entendants, et répend la honte comme un poison en eux. Le corps social ainsi segmentarisé – morcelé entre entendants et sourds, homos et hétéros, juifs et allemands, mal et bien payés, mal et bien éduqués – il faut ensuite le recoudre laborieusement. [...] Les sourds ressuscitent dans ce petit film en tant qu'autres - insurmontablement différents. Et d'une façon terriblement sérieuse, ils nous posent la question de l'acceptation inconditionnelle de leur différence. »*

***Eye for an Eye* a aussi quelque chose à voir avec le plaisir corporel de chacun, avec le fait de jouir de sa propre existence. Les déficiences du corps sont présentées ouvertement et sans complexe ; l'état de différence est relativisé et perd sa dimension spectaculaire. Il n'est pas question de souffrance ou d'empathie. L'art comme un porte-voix ? Ou une leçon sur la perception de soi et des autres ?**

On peut dire que ces amputés commencent à utiliser les bien-portants – ils en tirent profit. Cette action cynique est affirmée dans le film *Eye for an Eye*. Fini d'être la victime, fini la « mimikra »[2] des invalides. Dans l'acte méprisant d'utiliser l'autre ils transforment les bien-portants en marchepieds.

Le film est le lieu d'une fiction où nous ne sommes pas tenus d'être bons et charitables comme nous le dictent les convenances. Dans l'espace qu'est le film, nous pouvons montrer une infirmité, en rire, et transformer une personne valide en prothèse. Le film est un espace de liberté – on peut par exemple s'y montrer extrêmement cynique ou même cruel, puisque de toute façon, les spectateurs savent que ce n'est qu'un « jeu », l'alibi est assuré.

On peut prendre le film *Eye for an Eye* comme modèle de relativisation fonctionnant comme un performatif social – il contribue à rompre avec les tragiques modèles de rejet de l'autre et de sa différence.

La réalité est telle que nous nous la racontons. Nos corps sont aussi tels que nous nous les racontons. La maladie est une histoire du corps que raconte la patho-physiologie. La vieillesse est une histoire du corps que racontent les assurances sociales, les corps sont tels que les veut la collectivité. Si c'est un corps nationalisé, mobilisé à l'armée par exemple, nous avons affaire à une narration potentiellement dramatique et grandiose à la fois. *Eye for an Eye* est une des histoires du corps qui participe à la modélisation sociale de l'image du corps et parle de formes de solidarités sociales radicales et sans compromis.

La compassion a été inventée à l'usage de ceux qui regardent – c'est leur alibi. Je regarde parce que je compatis et non parce que je suis séduit par la tare physique, par exemple, par l'image d'un unijambiste. Et pourtant c'est aussi un cirque de formes, d'associations sculpturales extraordinaires, de lignes inattendues. Je ne vais pas à l'hôpital parce que c'est une expérience extrême, une image d'entre-deux, entre la vie et la mort, entre la souffrance et le confort du corps sain, une image qui nous désarme, qui nous fascine car elle nous concerne aussi. Je vais à l'hôpital pour rendre visite aux malades.

---

2. Forme de mimétisme où des animaux sans défense s'adaptent en prenant la forme ou la couleur d'animaux capables de se défendre.

L'art est un outil très efficace pour faire valoir des intérêts culturels. C'est un champ de luttes culturelles qui concerne un terrain social beaucoup plus large. Ces efforts pour changer le statu quo politique, scientifique, religieux, traditionnel ou technologique, ont un point commun avec l'art. Je pense que nous avons affaire à un échange fluide d'arguments et de stratégies de combat. Par exemple, la stratégie du « champ excité »[3] apparaît souvent dans l'art. C'est une stratégie qui vient du champ politique : une action risquée « excite le champ » - elle secoue des joueurs passifs jusque-là, elle les porte à ébullition – et elle rend possible des « variantes » d'action en fonction de la direction qu'ils prendront.

Cette stratégie repère et active le champ des forces du pouvoir et le rend propice à une transformation. Dans l'art, c'est plutôt la topographie des opinions qui est « excitée » et qui devient malléable. L'art, au sens large - littérature, film, théâtre, arts visuels – a aussi la capacité d'établir des axes de conflits divers dans le territoire qu'il contrôle. Il sait aussi « vendre le conflit » – l'initier et confier sa gestion aux médias. L'artiste polonaise Joanna Rajkowska propose une stratégie de modification de contexte dans un champ de conflit. Après cette modification, le conflit perd sa raison d'être, il n'a plus de moteur. Oscar Hansen parlait d'une chose similaire en architecture : *« Dans la banlieue de Bergen, on a construit des barres d'immeubles [...], à côté, il y avait des villas. Et, bien sur, ceux des immeubles se sentaient mal car les autres étaient dans des villas de luxe et eux, les pauvres, dans des barres. Lui, [Svein Hatløy], a transformé cette situation sans démolir les barres d'immeubles. [...] Tout simplement, il a organisé un espace extérieur si riche que ceux des villas ont commencé à venir chez ceux des immeubles. »*[4]

Quoi qu'il en soit, une action artistique peut « exciter » l'activité d'un champ donné et amener à une réorganisation significative de ses éléments. « Re-thinking » est une bonne expression pour cet attentat à l'organisation théorique de la structure du champ. Il serait bon pour l'art d'y ajouter « re-doing » ou « re-visualising ».

L'art, comme la politique, est un lieu de division. Il y a des « partis » de contestation et des groupements passifs, qui pensent qu'il vaut mieux ne pas sortir du cadre. Il y a des « partis » conservateurs liés

---

3. Terme utilisé en physique à propos d'accélérateurs de particules.

4. Oskar Hansen, *Towards open form / Ku formie otwartej*, Fundation Galerie Foksal, Revolver, Musée de l'Académie des Beaux-Arts, Varsovie, 2005, page 90.

avec l'ordre néo-libéral, des « partis » du profit et des « partis » révolutionnaires. Il y a des activistes sociaux et des ultraconservateurs. Il y a des catholiques, des femmes, des partis nationalistes. Mais cette division est tacite – elle naît sous nos yeux puis perdure dans le non-dit.

L'art est aussi bien un porte-voix que, ce qui me plaît le plus, une « philosophie à l'acte », une pratique sociale qui conduit à des effets sociaux durables mais souvent difficiles à percevoir.

Vous vous battez encore et toujours contre les limites du consensus social et du politiquement correct. Qu'est-ce que ce terme signifie pour vous ?

Oui, ce sont les interdits sociaux qui sont testés. Les limites sont très étroites, une infraction ou une déviation sont à portée de main. Néanmoins, je ne suis pas contre les limites sociales en tant que telles, car elles assurent aussi ma propre sécurité. J'ai lu un jour une hypothèse disant que les cancers sont les culs-de-sac de l'évolution – que l'évolution, qui pourtant perdure toujours, expérimente dans nos corps et fait des erreurs. L'art est en quelque sorte un cul-de-sac de l'évolution sociale. Il produit des objets et des procédés d'actions, des contextes, des fantaisies ou des scénarios avec lesquels on ne sait pas quoi faire au premier abord. Ils sont en ce sens des maladies que subit le corps social. Il arrive que ce que l'art propose soit accepté et que sa façon d'agir soit comme naturalisée.

Le monde de l'art est déjà une corporation globale – l'une des plus grandes, monopolisant et contrôlant les pratiques culturelles de la manière la plus efficace qui soit en les transformant en marchandise propice à la spéculation. On peut imaginer que de telles « pratiques invisibles » inventées par l'art « infectent » le corps social ; qu'elles s'y installent et soient naturalisées. Selon l'opinion générale, c'est l'art qui critique le capitalisme. Pourtant, il se pourrait que ce soit le capitalisme qui assimile les méthodes transgressives et impitoyables de l'art tout comme ses stratégies de douceur et de séduction. Ce sont peut-être les beaux-arts qui ont enseigné au capitalisme que, pour être désiré et devenir une marchandise, le charme et le sex-appeal de l'objet sont nécessaires. C'est peut-être l'art sacré, avec ses objets de culte (ses peintures et ses sculptures) qui a appris au capitalisme à fétichiser l'objet.

L'art est peut-être responsable de la propagation des « discours d'impuissance », de la propagation de modèles d'action aux effets invisibles ou tellement dilués qu'ils légitiment l'absence de résultats et contribuent à l'aliénation des gens. Peut-être l'art produit-il des modèles culturels de non-effectivité, cédant à la politique toute la responsabilité d'agir dans le monde. De telles hypothèses ont un caractère anthropologique. On ne peut pas poser un pistolet plein d'empreintes sur une table et dire seulement : *« ce pistolet a tiré. »*

Dans de nombreux travaux, vous touchez aux traumatismes collectifs, comme celui du passé national-socialiste de l'Europe. « Trauma » vient du grec « plaie, blessure ». Dans *Favourite Theory of Art* vous parlez de « niches d'inattention » et « d'intimité » au travers desquelles l'artiste peut trouver un « canal cérébral perméable » et ainsi atteindre « l'espace mental ». S'agit-il d'un de vos « trucs » artistiques pour révéler au grand jour les phobies et les névroses nationales ?

Il ne s'agit pas de tours de passe passe personnels, mais de stratégies répandues dans l'art. Les niches d'inattention sont des endroits où le corps social a été anesthésié – il n'y ressent aucun stimulus. On pourrait dire que les artistes sont les « maîtres d'une perception renversée » – ils voient ce qui n'est pas visible, ils savent ce que l'on ne sait pas. Ou bien ils savent de manière quasi inconsciente ce que « nous ne savons pas que nous savons ». Je crois que cela fait partie du savoir-faire artistique et que cela pourrait être importé dans d'autres disciplines comme un regard d'expert, ou comme une méthode de recherche.

Le corps humain est au centre de votre démarche artistique. Dans quelle mesure votre travail photographique et filmique est-il nourri d'un intérêt pour le genre classique de la sculpture.

Si le corps est au centre de ma recherche, c'est en tant que partie du corps social – un corps nationalisé, « non-propre », un corps conformiste. Le corps est notre construction – « l'apparence » que nous offrons sur le marché de l'échange social. Je m'intéresse à ce que Grzegorz Klaman appelle « l'économie politique du corps ». Le corps, comme une marchandise, c'est un fagot de relations, un point de croisement des opinions et des discours : médical, politique, artistique. L'art convoque le corps, se l'approprie, le nomme à sa façon, le mélange à des discours d'émancipation, ou l'emprisonne dans ses narrations. Il y projette le fantasme réducteur selon lequel l'art a le devoir de rendre libre et d'émanciper. L'art devient lentement un « discours parallèle » il détache la réalité d'elle-même et il l'équipe de lois autonomes. Il est un peu comme la science, qui constitue l'arrière-fond de la sphère opérationnelle et technologique de la vie humaine. Les stratégies de l'art, en apparence locales, se répandent, intègrent le champ politique ou influencent le langage des médias. Par exemple, c'est le marché de l'art qui a contribué à l'élargissement de la notion de marchandise, et donc à sa définition capitaliste. Il a équipé le concept de marchandise d'un ensemble de qualités irrationnelles qui co-décident de son succès commercial.

On peut dire que la science est un « discours de fond » pour la technologie, et que la philosophie politique est un « discours de fond » pour la politique. Est-ce que les arts visuels, la littérature, le théâtre ou le cinéma sont aussi un « discours de fond » ? Ce sont peut-être les passions humaines, les désirs et les peurs existentielles qui sont le « discours de fond » de l'art. Peut-être lui-même est-il une sorte de technologie humaniste, un appareil qui génère des émois, des émotions et des réflexions.

J'ajouterai ici que la figure nommée « artiste », c'est aussi un fagot de relations, un endroit où se croisent des fantaisies sociales, des rêves anarchistes, où la sensation d'étrangeté trouve des satisfactions compulsives, où des nouveaux codes de liberté sont testés et où l'absurde devient un devoir.

Vous avez étudié avec Paweł Althamer et Katarzyna Kozyra - encore aujourd'hui vous exposez avec eux et portez des projets communs. Vos travaux montrent de nombreux points de contact, tels que la physicalité, les groupes sociaux marginaux, les démarches de provocation, etc. Quels parallèles et quelles différences voyez-vous dans vos positions artistiques respectives ? Y'aurait-il une tradition commune à partir de laquelle vous créez ? Y'aurait-il une figure historique de référence ou un certain discours fondamental qui vous a marqué quand vous étiez étudiants ?

Ce qui est commun, c'est le postulat que la réalité sociale est sensible à l'action artistique et qu'elle peut être transformée par cette action ; que le tissu symbolique qui entoure la société est vivant et changeant et que l'action de l'artiste, le plus souvent, se joue justement sur ce niveau symbolique. Aujourd'hui, on commence à penser que cette division entre l'artiste et le spectateur s'inverse – c'est l'artiste qui est le spectateur et c'est la société qui est artiste. On ne la modernise pas, on l'écoute. On ne l'accuse pas de rustrerie et de bourgeoisie, mais on la traite comme partenaire – ce n'est plus l'artiste qui parle, c'est elle qui parle. Ce n'est plus l'artiste qui détient la sagesse, mais la société dans laquelle il vit. Face à quoi, l'art se résigne à perdre son rang et sa majesté, il traduit ses secrets et s'aligne avec les autres biens présents sur le marché des idées. Une œuvre d'art devient alors un argument comme un autre dans un débat - si elle rencontre un argument plus fort, elle chute.

Dans *The Impossible Theatre*, votre travail a été présenté comme une suite de celui de Tadeusz Kantor. Kantor traitait les acteurs comme des matériaux et les laissait jouer comme des marionnettes ; au lieu d'accessoires et de costumes, il utilisait des matériaux et des objets qu'il plaçait côte à côte avec les acteurs, leur attribuant une même valeur. Ses productions éludaient les éléments spectaculaires tels que l'acmé et la chute. Son idée de « réalité du rang le plus bas » s'incarnait via des détritus, des objets et des espaces pauvres. Dans votre cas, est-ce une question de « vrai » théâtre où les corps jugés inutiles au regard d'une société du profit succèdent au « rang le plus bas » ? Comment votre travail renvoie-t-il à l'idée de théâtre ?

Mes actions ne relèvent pas du théâtre. Elle ont vraiment lieu – ce sont des faits qui tendent à être indifférenciables de l'expérience humaine. Elles ne sont pas mises entre parenthèses et vendues comme un spectacle.

La société du profit c'est une image de la société qui nous est présentée par le capitalisme - les gens ne naissent pas avec un désir de profit, ils sont entraînés à cela par le système, ils sont corrompus. L'envie de profit n'est pas une pulsion, comme une pulsion sexuelle mais le produit de la culture.

Habituellement, dans vos projets, vous distribuez des rôles à des amateurs. Est-ce que les personnages jouent

d'après un scénario quelconque ? Jouent-ils leur propre rôle ? Le jeu est-il essentiellement basé sur l'improvisation ? Comment est conçue l'intrigue ?

Je n'ai jamais de scénario, je suis toujours une improvisation, je suis le déroulement des événements, l'imprévisible ; je documente. L'événement « se raconte lui-même » et là, il faut y pêcher des lignes dramaturgiques, des moments clés et les mettre en valeur au montage.

Est-ce que les participants de mes films jouent ? Le film c'est cet espace de fantaisie suggéré par Žižek, dans lequel on peut être soi-même. Ce qui est interdit dans une relation inter-humaine habituelle n'est pas censuré ici – les gens peuvent être en accord avec leur vérité subjective, avec leur propre caractère. Pour le spectateur, ça peut ressembler à quelque chose d'artificiel.

Quelle était la motivation de votre projet *Répétition* (2005) ? Qu'est-ce qui était excitant ?

Ce qui était excitant, c'était la répétition d'une expérience psychologique considérée comme canonique, qui fixait une certitude sur le comportement humain. C'était une tentative d'entrer sur un terrain accaparé par la science, un terrain où l'on proclame sur la réalité humaine des jugements arbitraires, impossibles à vérifier par un profane. Il y a une légende noire autour de cette expérience. J'avais envie de remettre en question, de corroder la certitude des résultats de l'expérience de Zimbardo[5] – considérée comme une vérité scientifique absolue. Pour des raisons déontologiques sa répétition est interdite et, par là même, on ne peut pas vérifier ses conclusions. Pourtant cette expérience dépourvue d'éthique et le savoir qu'elle a produit fait partie des enseignements obligatoires d'un cursus universitaire de psychologie. La science n'a pas d'hésitation éthique à profiter du savoir obtenu dans des conditions où les gens ont souf-

---

5. Philip G. Zimbardo (1933) est un psychologue américain connu pour avoir mené l'*Expérience de Stanford* (1971), dans laquelle des volontaires de l'Université de Stanford étaient mis en situation de prisonniers et de gardiens. Le sadisme utilisé par certains « gardiens », la dépression et la passivité correspondantes des « prisonniers », menèrent à des théories, encore controversées aujourd'hui, sur l'importance de la position sociale en psychologie individuelle. En 2005 Artur Zmijewski reconstitue cette expérience dans la pièce *Répétition* (vidéo, 75 min.).

fert. Le regard de Zimbardo sur ses propres résultats a changé d'ailleurs – il ne parle plus seulement de gens banalement mauvais[6] mais aussi de gens banalement bons et « disposés » à arrêter les violences.

Ce qui était excitant, c'était de profiter du mandat de l'art pour réaliser une action contre l'éthique. L'artiste peut encore être « méchant », faire souffrir, agir à la limite de la loi ou hors la loi ; il a pour cela une permission informelle de la société. Il la paye au prix fort. Suivant un ancien contrat entre l'artiste et le pouvoir : *« Le maître ne dit plus : "Vous penserez comme moi ou vous mourrez". Il dit : "Vous êtes libre, vous pouvez penser autrement, votre vie et vos biens vous appartiennent. Mais dès lors, vous serez parmi nous étranger."* »[7] C'est le prix à payer : l'art ne participe plus au jeu des forces qui changent le monde. À moins que nous pensions Rancière, selon qui l'art est un appareil actif de « partage du sensible » qui peut rendre visibles et audibles certains groupes ou unités. Il peut aider à transformer « la voix animale » en une parole compréhensible et politiquement active.

Dans votre projet commun avec Paweł Althamer, *So–Called Waves and Other Phenomena of the Mind,* vous avez expérimenté des substances altérant la conscience…

Nous avons expérimenté le peyotl, le haschich, la psilocybine, le LSD et le thiopental ou « sérum de vérité » et Paweł s'est fait hypnotiser deux fois. Nous avons aussi envisagé comme drogue, une promenade avec sa fille de sept ans. Des moyens massifs ont été employés pour dire des choses simples – que Paweł a été un oiseau, que les arbres sont des nerfs qui sortent de la terre. Paweł est sans doute un prophète et un médecin pour lequel il n'y a pas de place dans la religion et la médecine officielle.

Nous avons aussi testé nos privilèges d'artiste qui nous ont permis de présenter les films documentant nos prises de drogues sans encourir aucune sanction malgré leur illégalité.

---

6. A ce propos, voir le concept de « banalité du mal » de Hannah Arendt.

7. Alexis de Tocqueville, *De la démocratie en Amérique*, Schoenhofs Foreign Books (23 mai 1986), collection Folio, cité dans *La Dialectique de la raison,* Theodor W. Adorno avec Max Horkheimer, 1944.

Nous avons fait avec des moyens filmiques ce qu'Aldous Huxley a écrit dans *Les portes de la perception*. Nous avons raconté que le monde est intéressant en dehors de sa « forme marchande » et en dehors de toute cotation.

Sur quoi travaillez-vous actuellement ? Quels sont vos projets dans un futur proche ?

D'autres films, bien sûr, et des voyages.

Berlin, septembre 2007.

GERALD MATT (1959) EST COMMISSAIRE D'EXPOSITION ET CRITIQUE D'ART IL DIRIGE LA KUNSTHALLE WIEN DEPUIS 1996.

ARTUR ZMIJEWSKI (1966) EST UN ARTISTE POLONAIS. IL A REPRÉSENTÉ LA POLOGNE À LA 51E BIENNALE DE VENISE. SES VIDÉOS ONT ÉTÉ MONTRÉES AU VIDÉO_K (PAU) DANS LA PROGRAMMATION « CORPS ET ÂMES » PROPOSÉE PAR JAGNA CIUCHTA ET DAMIEN SORRENTINO EN 2005. IL EST L'AUTEUR DU LIVRE « DRZACE CIALA. ROZMOWY Z ARTYS-TAMI » (« CORPS TREMBLANTS. CONVERSATIONS AVEC LES ARTISTES ») (2007). IL EST AUSSI LE DIRECTEUR ARTIS-TIQUE DE LA REVUE « KRYTYKA POLITYCZNA ».

CHRISTOPHE FIAT

DU PERFORMATIF À LA PERFORMANCE

Ce qui est bien avec l'art, c'est que la désillusion est complète. Ce qui a pour conséquence de nous faire mieux comprendre le monde. Quel monde ? Celui dans lequel nous vivons au début du XXIe siècle. Bien sûr, le plus souvent, nous résistons à cette désillusion – sous la forme du déni, plutôt que du refoulement – parce que nous préférons être déçus ou émus, plutôt que de voir les choses du côté cinglant de l'argumentation et de l'analyse. Mais la situation est telle aujourd'hui, qu'en renonçant à toute distance critique, nous sommes acculés à la peur. Ce qui se traduit par un désir pervers de sécurité qui évacue définitivement toute aspiration à la liberté sous prétexte de menace terroriste, ou de menace émanant des banlieues, ou de menaces de prédateurs comme les pédophiles (pour prendre des exemples de peurs spectaculaires contemporaines). Voilà, si plus personne ne parle de liberté, c'est parce que plus personne ne veut réfléchir sur les motifs de ses actes, ainsi qu'au devenir du monde, préférant se réfugier dans une auto-fiction permanente. Laquelle auto-fiction n'est autre qu'un autisme qui gère la violence de son chaos intérieur en vivant des situations extrêmes et sans espoir qui se traduisent par des intentions suicidaires ou des mesures d'auto protection ou un abandon total.

Partant de ce constat, l'art ne peut plus être un outil, mais il doit être une arme capable de faire de la désillusion, le premier stade d'une transformation de l'homme en aventurier. Ainsi, ce qui permet cela dans l'art n'est autre que le performatif qui est à l'œuvre dans la langue et qui se traduit dans le show live par la performance. Ici, performatif et performance fonctionnent comme les deux moments d'un combat qui nous jette (les armes contrairement aux outils sont faites pour être projetées, ce dont témoignent par exemple les arts martiaux) dans l'existence, plutôt que dans la vie. En effet, nous savons tous que la vie est tellement contaminée par le bio-pouvoir qui nous accule à ne l'éprouver que comme subissement ou oppression qu'il ne nous reste que la possibilité qu'émettait Sartre au XXe siècle de postuler non plus la vie, mais l'existence. Ce qui serait une vie dans laquelle nous serions toujours en excès, hors cadre, hors norme comme le dit Judith Butler. Alors, le performatif désigne des discours qui disent quelque chose et qui le font, ou bien des discours qui produisent certains effets (ce dont se charge la littérature), la performance désigne un lieu (le plateau ou la scène du live) et un moment (la durée du show) qui transpose ce qui est à l'œuvre dans le performatif dans une situation culturelle identifiable. Le passage de l'un à l'autre ne se fait pas sans difficulté, charriant au passage des gestes musicaux, dansés (seulement des gestes qui sont autant de codes qui conditionnent une esthétique de la narration, plutôt qu'une esthétique de l'incarnation) afin que l'arme en question ait un impact suffisamment important pour que le performatif et la performance soient une action non pas seulement pragmatique mais aussi symbolique (ou virtuelle pour reprendre un terme de Gilles Deleuze). En effet, les armes dont il est question ici - aussi violentes soient-elles dans leur riposte - n'en demeurent pas moins non létales à l'instar de la voix humaine chez William Burroughs, et de ses extensions que sont les enregistrements sonores et vidéos quand il écrit : *« Considérez à présent quelle arme peut constituer la voix »*. A la fin, ce qui se joue ici c'est de ne plus perdre ce sens du combat qui doit prendre l'apparence, non pas d'un conflit ouvert, mais d'un jeu dangereux dans lequel les récits obtiendront avec un minimum de force, un maximum d'impact.

CHRISTOPHE FIAT (1966)
EST PHILOSOPHE,
ÉCRIVAIN ET
PERFORMEUR
IL A DIRIGÉ UN
WORKSHOP À L'ÉCOLE
SUPÉRIEURE DES
BEAUX-ARTS DE
TOULOUSE EN
NOVEMBRE 2006
SUR L'INVITAION
D'YVES CARO EN
PARTENARIAT AVEC
HYPERTEXTE.

BÉATRICE MÉLINE

DELENDA CARTHAGO

Story-board d'un projet d'exposition.

Les pages suivantes présentent, tels qu'on peut les trouver dans un document de travail, des données "brutes" issues de journaux ou de la documentation des artistes.

"Delenda Carthago" ("Il faut détruire Carthage") c'est d'abord une phrase, une parole politique, un énoncé quasi-performatif qui a conduit à une bataille historique, perdue il y a longtemps par les descendants d'Hannibal[1].

"Il faut détruire Carthage" c'est aussi une expression – on la trouve dans les pages roses du dictionnaire – là, elle n'évoque plus la guerre mais l'acharnement. Cela vient de l'usage[2] qu'en fit Caton l'Ancien[3] quelles que soient les circonstances[4]. Ça commence ici.

Hypertexte s'intéresse au passage à l'acte : d'un point de vue politique, sur l'engagement et le potentiel symbolique d'une œuvre ou d'une manifestation[5] ; d'un point de vue pragmatique, sur le langage même ; d'un point de vue réceptif, sur l'action du regard.

Quand l'équipe de Lieu Commun nous a invité à concevoir un événement pour la sortie de la revue, alors que nous relisions *La haine de*

---

1. Après la guerre, les romains, comme la légende le raconte, n'ont cessé, des années durant, de saler les terres de Carthage pour les rendre définitivement improductives.

2. répété

3. un sénateur romain qui siégerait aujourd'hui très à droite de l'hémicycle.

4. et la question abordée.

5. *« Chaque fois qu'on rêve d'une pensée concrète et dangereuse, on sait bien qu'elle ne dépend pas d'une décision ni d'une méthode explicite, mais d'une violence rencontrée, réfractée, qui nous conduit malgré nous jusqu'aux essences. Car les essences vivent dans les zones obscures, non pas dans les régions tempérées du clair et du distinct. Elles sont enroulées dans ce qui force à penser, elles ne répondent pas à notre effort volontaire ; elles ne se laissent penser que si nous sommes contraints à le faire. [...] il n'y a pas de logos, il n'y a que des hyéroglyphes. »* Gilles Deleuze, *Proust et les signes*, cité dans *Fresh Théorie III*, éd. Léo Scheer, 2007.

la démocratie de Jacques Rancière[6], cette phrase de Caton s'est vite fixée comme point de départ : un symbole violent du pouvoir du langage et de l'importance d'un usage[7] / d'une usure.

Delenda Carthago. Faisons l'hypothèse d'un parallèle avec des démarches artistiques contemporaines. Sur la question de la frontière, du territoire de l'art d'abord. La conquête d'espaces, de langages, d'usages nouveaux marque l'histoire de l'art depuis longtemps déjà. Les artistes présentés ici investissent l'espace de l'archive[8], de la photographie d'amateur[8], de l'image de presse[8, 9] ou de l'image reproduite[9, 10] ; ils s'emparent de l'histoire de l'art[11, 13], du cinéma[15] et des signes les plus répandus[11, 12, 16] ; du terrain vague[14] ou de la ruine[15].

Abordée sous l'angle de l'acharnement, notre hypothèse paraît se vérifier : économie de formes et de moyens[8, 10, 16], persistance des images[9, 13, 15], épuisement des matériaux[17], des corps[14] ou des espaces[14], obsession de l'effacement[8, 9, 10, 11, 12, 13, 14, 15,].

Ces situations aux limites de la matière, de l'image, du support ou du contexte de l'exposition, nous ont incité à annexer à notre tour un territoire voisin : un espace[18] et des ouvrages prélevés à dans une médiathèque - un corps étranger dans le champ visuel de l'exposition, comme un trésor de guerre rempli d'autres regards que nous souhaitons partager.

---

6. élection oblige

7. *« Aujourd'hui avec la 3D, on pourrait réaliser des cascades d'un nouveau type [...] mais on s'est rendu compte qu'une cascade en 3D ne fait pas réagir l'adrénaline du spectateur. »* G. Peter King, responsable des effets spéciaux du film *Fast & Furious.*

8. Documentation Céline Duval

9. Eric Baudelaire

10. Clément Rodzielski

11. Fayçal Baghriche

12. Julie Vayssière

13. Yann Serandour

14. Julie C. Fortier

15. Hervé Coqueret

16. Olivier Nottellet

17. Jean-Marie Blanchet

18. table, chaises, luminaire compris.

« *Ce sont les regardeurs qui font les tableaux* » Marcel Duchamp.

Céline Duval constitue depuis plusieurs années un fonds iconographique rigoureusement classé, étudié et mémorisé. Ce fond est nourri d'images de presse, de photographies d'amateurs, de cartes postales ou de prises de vues qu'elle réalise elle-même.
Céline Duval déplace ou associe les éléments de cette « documentation », et construit finalement un point de vue critique et poétique sur l'image photographique elle-même, sa nature et son usage.

L'Architecte
documentation
Céline Duval,
2007.
Sérigraphie,
50 x 70 cm,
co-édition Semiose
éditions, Paris /
Artothèque d'Auxerre.

D'après Yves Klein, *Un homme dans l'espace ! Le peintre de l'espace se jette dans le vide !*, photmontage, publié dans *Dimanche. Le Journal d'un seul jour*, 27 novembre 1960.

Le saut dans le vide
Fayçal Baghriche,
2004, photographie,
45 x 65 cm,

« Ce tirage a été réalisé à partir de la retouche d'une image en basse résolution trouvée sur Internet, reproduisant un détail du tableau d'Ed. Ruscha, The Back of Hollywood *(1977, coll. Musée d'art contemporain de Lyon). »*
Yann Serandour

Low
Yann Serandour,
2008.
Tirage Lambda
contrecollé
sur aluminium,
30 x 40 cm.

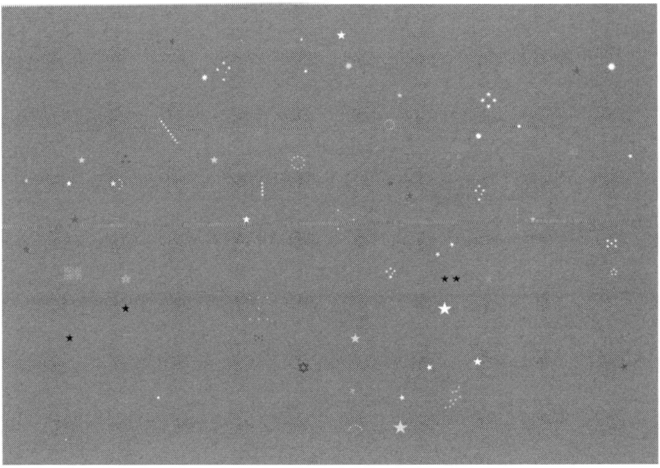

Epuration élective est une vue de la planche vexillologique universelle, l'inventaire de tous les drapeaux du monde dont Fayçal Baghriche n'a gardé que les étoiles, sur fond bleu.

Epuration élective
Fayçal Baghriche,
2004.

Sans titre
Jean-Marie Blanchet, 2007.
Acrilique sur simili cuir.

Lourdes + Disneyland = Las Vegas
Taroop & Glabel
2004.
Sérigraphie,
43 x 74 cm,
Sémiose éditions.

Tilt 127
documentation
Céline Duval,
2005, 30 x 48 cm,
collection
Yann Sérandour.

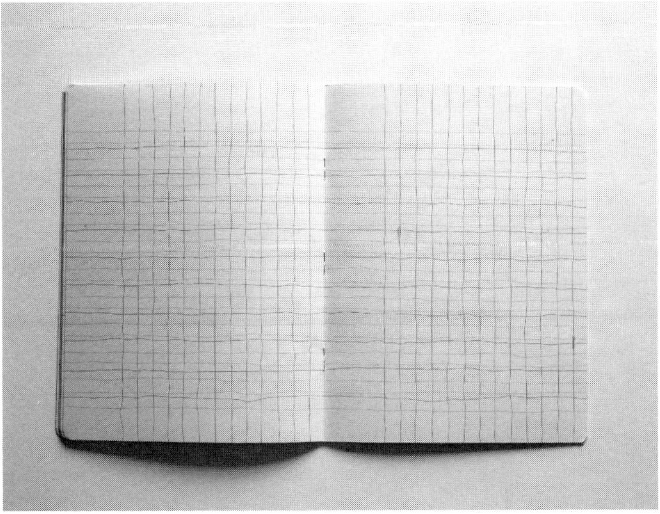

« Les pages de ce cahier sont imprimées à partir du décalque, réalisé à la main par des enfants, d'un gabarit reproduisant les doubles lignes des cahiers d'apprentissages de l'écriture. Conçu comme un insert dans unes chaîne industrielle, les couvertures des cahiers sont fournies par le papetier Clairefontaine, partenaire du projet. »
Yann Serandour

Cahier Clairefontaine
Yann Serandour,
2006.
Cahier d'écolier, impression offset couleur, couverture couleur pelliculée, 32 pages, 22 x 17 cm, 1500 ex.

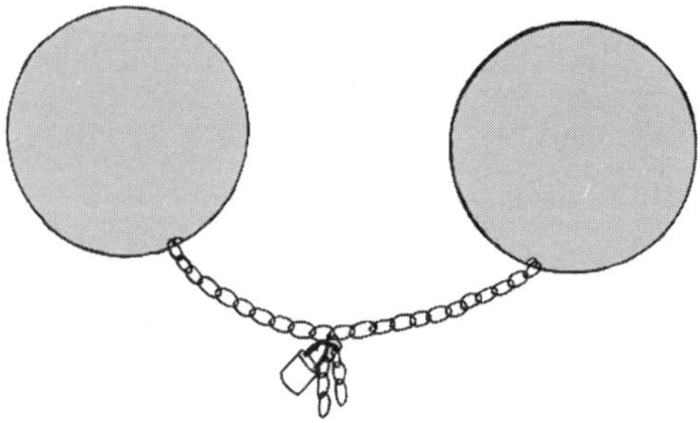

Les boules
Olivier Nottellet,
2008, dimensions variables, découpe, chaine, cadenas, verre.

« Cette vidéo cadre un terrain vague de Vancouvert derrière lequel on peut voir les montagnes côtières. Ce tableau paysager étiré dans le temps est rythmé par mon travail. Je creuse un trou dans le sol à l'aide d'une pelle et d'un pic. Paradoxalement, ma capacité à être productive et efficace a pour but de produire graduellement une perte, un manque à l'image et ma disparition de celle-ci. » Julie C. Fortier

Vanishing Point
Julie C. Fortier,
2004. Projection vidéo, DVD stéréo couleur, format 4:3, 56 min 52 s, Produit avec l'appui du Western Front (Vancouver) et du Conseil des arts du Canada.

Jean-Marie Blanchet,
laque sur plâtre, 2006.

« Quelle motivation conduit une nouvelle génération d'artistes, de Wade Guyton à Seth Price, en passant par Julien Tibéri, à s'intéresser à l'enchevêtrement actuel de différents systèmes de reproduction des images, allant de la photocopie au format JPEG ? S'il n'y a sans doute rien de nouveau à l'Ouest, les propositions de ces artistes semblent toutefois chercher à sortir de la vieille critique sur le "trop plein d'images" et des boucles fermées par les thèses du simulacre, en essayant de déranger les procédés de leur reproduction, plutôt que d'insister sur la stratégie classique du détournement. Il s'agit d'investir un potentiel de l'art, plus sauvage, à produire des trous noirs. Le cadavre de l'abstraction bouge-t-il encore ? Désolé, non. Mais de beaux restes peuvent néanmoins sortir des failles technologiques [...]. Si les formes ne peuvent plus être "autonomes" (détachées de toute référence au réel, selon le principe moderniste de l'abstraction), les machines apparemment oui. "Ce n'est pas tant le problème de la reproduction puisqu'aujourd'hui une image c'est d'abord une reproduction [...]. La condition générale des images aujourd'hui raconte des histoires de résolution et de format. Une image est bien ou mal résolue (et les énigmes de la même façon). Pour que les choses existent (vraiment), c'est important sans doute qu'elles existent deux fois. Ce n'est pas le réel et son image, c'est deux fois le réel et deux fois les images." [...] A la transparence, Clément Rodzielski préférera le côté obscur de la force, celui du désordre et de la fuite du sens : les Miroirs Noirs, *dont parle le titre de son exposition, ont "regardé ailleurs, ils ont été vus à travers les yeux d'un robot". Ceux, peut-être, d'une photocopieuse, avec laquelle il reproduit des images recouvertes de bribes de miroirs qui viennent interrompre leur signification pour ouvrir sur le "ventre de la machine". »* Pedro Morais dans la *Lettre d'Information des Mécènes du Sud* n°18.

Miroirs noirs
(Elodie Navarre)
Clément Rodzielski,
2007. Photocopie.

« Cette installation transforme l'espace de la galerie en parking souterrain. L'expérience inquiétante de l'absence est le déclencheur d'une intrigue qui vire à la mélancolie. »

« Dans la pénombre, une bicyclette est couchée au sol. La roue arrière tourne sans fin. Son mouvement produit un cliquetis incessant et alimente par le biais de la dynamo, les phares de la bicyclette. Il en résulte un éclairage faible et grésillant. » Julie C. Fortier

The End
Julie C. Fortier, 2005. Installation in situ, 5 véhicules, 6 éclairages de secours, bandes adhésives. Produit avec l'appui de la Galerie Art & Essais et Prospektus

The End
Julie C. Fortier, 2005. Bicyclette, moteur électrique miniature.

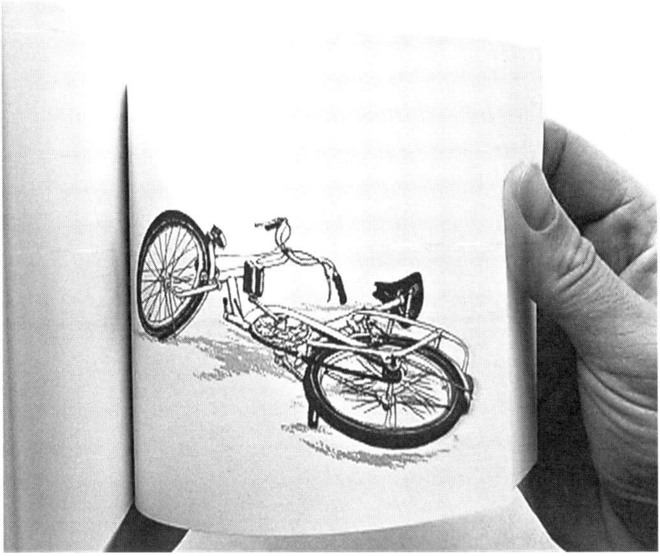

« La bicyclette présentée dans l'exposition The End *est aussi le sujet d'un flipbook. Le son de la roue qui tourne sans cesse se retrouve au fil des pages qui défilent sous les doigts du lecteur. »* Julie C. Fortier

The End
Julie C. Fortier,
2005. Flipbook,
impression offset
124 p.,
14,8 x 10,2 cm.
Dessin : Marc Lizano.
Produit avec l'appui de
la DRAC Bretagne.

Globe,
Fayçal Baghriche,
2008.
Globe lumineux,
moteur, rotation
rapide.

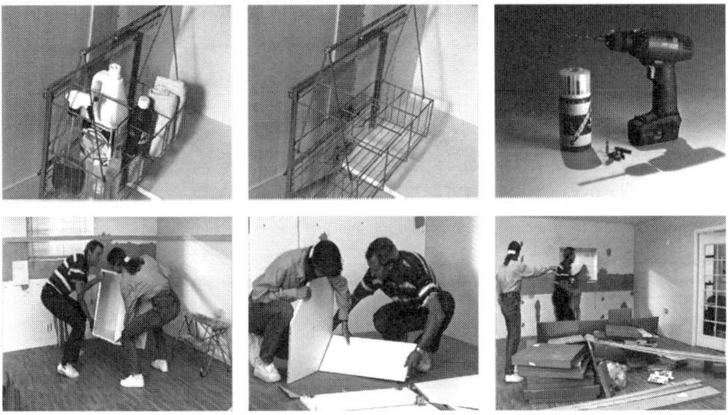

« Il s'agit de la disparition d'une cuisine. Tout commence avec une photographie présentant une cuisine de catalogue. Un couple vêtu en tenue de bricolage commence à dévisser, détacher et ranger les éléments avec méthode, calme et précision. Les mouvements des acteurs et de caméras sont didactiques, absurdes et étranges. Leurs tenues sont décontractées et soignées : pantalon à pinces et polo pour lui, jean et chemise d'homme, coiffure et manucure pour elle. Tous deux portent des alliances et des montres. Par les gestes et les regards échangés, ces personnages silencieux sont empreints de douceur, déterminisme et perfection. Ils démontent, déplacent et remballent.
Jusqu'au vide. » Julie Vayssière

Détruire la cuisine
Julie Vayssière,
2006, vidéo 6'30" -
source *Faktum* Ikea.

« Un écran est construit en sucre, morçeau par morçeau, assemblés comme des briques.
Cette construction est ensuiteplacée dans un aquarium conçu spécialement pour le tournage.
Sur le sucre, au travers de la vitre de l'aquarium est projetée l'image d'un bâtiment.
Les contours de l'écran épousent ceux de l'image.
Lorsque l'aquarium se remplit d'eau, le tournage commence. » Hervé Coqueret

Fondu enchaîné
Hervé Coqueret,
1999, vidéo, collection Frac Aquitaine.

« Attendre l'image-temps : Sugar water.
Bergson, qui pourtant n'aimait pas le cinéma, disait, dans L'évolution créatrice, *que pour avoir l'intuition authentique de la durée, il fallait en faire expérience, et il prenait l'exemple d'un sucre dans un verre d'eau. Sa leçon alors semblait claire : "je dois attendre que le sucre fonde", c'est dans l'expérience de l'attente et de la vision, quand ma durée se joint à celle du monde, que l'intuition du réel mouvant surgit. Mais comment apprendre à attendre dans un monde moderne qui non seulement apparaît d'emblée comme un flux continu d'images, mais surtout qui ne cesse d'en extraire des images arrêtées, obsédantes, fixes comme on parle d'"idées fixes", et ensuite qui ne cesse de les faire tourner en boucle ?* Sugar water *peut en ce sens être vue comme une vaste métaphore des journées qui ont suivi le 11 septembre expérimentées comme un défi au mot d'ordre bergsonien : les mêmes images fixes, publicitaires, tournant continuellement en boucle au cœur même de notre vie quotidienne jusqu'à produire le plus complet quiproquo — nous attendons pour voir l'arrivée de l'explosion de la voiture, tandis que les "vrais gens", eux, attendent le métro et ne voient rien. Mais c'est aussi bien tout autre chose : la quotidienneté de la violence, de la publicité, sans sujet, sans signification, avec les mêmes annonces, la même chanson à peine audible, qui font retour régulièrement dans le fond sonore, comme l'image fait retour dans le monochrome bleu du panneau d'affichage. Comment du temps d'attente de l'advenue de l'image et de la parole parviendrons-nous à faire autre chose qu'une rengaine ? Ici, une sorte de portrait de l'artiste en colleur d'affiches. »* Pierre Zaoui, à propos de l'exposition *Circumambulation* à la *Elizabeth Dee Gallery*, 2007.

Sugar Water
Eric Baudelaire, 2007. HD video projection, 72 min, collection FRAC Auvergne.

« Dans le roman Moins que zéro *de Bret Easton Ellis, un stoïque adolescent reste hypnotisé par un slogan publicitaire sur une affiche : "Disparaître ici".*
Un jour, au cinéma, sur l'écran, j'ai trouvé un passage entre fiction et réalité. Précisément dans une séquence de film où un personnage franchit une porte, avec au-dessus de l'encadrement, l'enseigne lumineuse "EXIT".
Dans la salle de cinéma, la même signalisation, le même mot inscrit électriquement au dessus de la porte de sortie à droite de l'écran. Les deux portes semblaient reliées : le personnage allait sortir du film et entrer dans la salle.
EXIT.
Je suis définitivement attentif à chaque apparition de ce mot dans un film. Comme dans le roman d'Ellis je reste hypnotisé par un logo. Je note maintenant le titre du film et à quel moment le signal apparait, ce point d'entrée, passage fictif entre deux mondes. »
Hervé Coqueret

Plan d'évasion
Hervé Coqueret,
2005. Instaltion
vidéo.

Par ordre d'apparition :

Documentation Céline Duval	*le cheval de Troie*
Fayçal Baghriche	*le satellite*
Yann Serandour	*la ville diminuée*
Fayçal Baghriche	*les pays débodés*
Jean-Marie Blanchet	*la cosse*
Taroop & Glabel	*l'absorbtion*
Documentation Céline Duval	*le corps à corps*
Yann Serandour	*les lignes de front*
Olivier Nottellet	*le siège*
Julie C. Fortier	*la fuite underground*
Jean-Marie Blanchet	*les coups (multiples)*
Clément Rodzielski	*Joy Division*
Julie C. Fortier	*la chute (panoramique, close shot, close up)*
Fayçal Baghriche	*la course-poursuite*
Julie Vayssière	*le démantèlement*
Hervé Coqueret	*la ruine*
Eric Baudelaire	*l'explosion*
Hervé Coqueret	*l'évasion*

"IL FAUT DÉTRUIRE CARTHAGE" PREMIÈRE EXPOSITION DU 19.06.2008 AU 19.07.2008 À LIEU-COMMUN (TOULOUSE). WWW.LIEU-COMMUN.FR

Morceaux choisis de la médiathèque des Abattoirs (documentation)

Livres d'artistes / monographies

Premiers plans
documentation Céline Duval, éd. Esac - Caen la mer, 2004.

Une disparation
Taroop & Glabel, édition limitée (250 copies numérotées) One star press.

Jochen Gerz : In case we meet
Jean-Michel Bouhours & Georges Heck, éd. Centre Georges Pompidou, 2002.

Gordon Matta-Clark, you are the measure
éd. Yale, 2007.

Bruce Nauman : Raw Materials
catalogue, éd.Tate Modern, Londre, 2004.

Cotton puffs, Q-tips, Smoke and mirrors : the drawings of Ed Ruscha
éd. Whitney Museum of American Art, 2004.

Roman Signer
Mack Gerhard, éd. Phaidon, 2006.

Vidéos d'artistes / documentation vidéo

Intersection conique de Gordon Matta-Clark
document vidéo de Mark Petit, DVD (11' 14), éd. CNC, 2001

Manipulating a fluorescent tube
Bruce Nauman, VHS (62'), éd. Electronic Arts Intermix, 1969.

Textes critiques

Quand l'œuvre a lieu
Jean-Marc Poinsot, éd. MAMCO, Genève, 1999.
› **P287 à 311**

Extrême : Esthétiques de la limite dépassée
Paul Ardenne , éd. Flammarion, 2006.
› **P95 : paysages de dépravation › P141 l'apothéose des brutes**

Ce que nous voyons, ce qui nous regarde
Georges Didi-Huebermann, ed. de Minuit, 1992.
› **P103 double distance**

Hans Hartung : les aléas d'une réception
Annie Claustres , éd. Presses du Réel, 2005.
› **P228 geste et Pulsion › P247 › P256**

Le destin des images
Jacques Rancière, éd. La Fabrique, 2003.

Le partage du sensible
Jacques Rancière, éd. La Fabrique, 2000.

GUILLAUME PINARD

DESSINER AUJOURD'HUI

Réponse de Guillaume Pinard à l'invitation de Hypertexte n°1 "Passer à l'acte".
Ce texte est un détournement de *Football moderne*, Jean Dufour, 1974, ed. Bornemann.

Vue de Denver (Colorado) sur Google Earth.

Évolution. Dans la société contemporaine, tout évolue à un rythme si rapide que les périodes où toute transformation devient notable, sensible, sont singulièrement raccourcies. Les hommes de notre temps ne se contentent plus de tradition évolutive ; ils s'acharnent, avec des moyens sans cesse accrus, à découvrir l'essence même de toutes choses. Il s'agit pour les générations actuelles d'essayer de bâtir un avenir meilleur par une constante remise en question. Elles s'appuient pour cela sur le foudroyant développement scientifique et sur de nouvelles et parfois déconcertantes philosophies nées de l'évolution même des hommes et des sociétés. Tout ce qui était vrai hier ne l'est plus aujourd'hui et ne le sera certainement plus demain. Cette rage « d'aller chercher au fond des choses l'élément de culture », l'élément de progrès, n'est pas sans outrance et porte, parfois un peu vite, à oublier les apports d'un passé plus ou moins récent. C'est là une caractéristique essentielle des phases fébriles d'évolution. Il semble vain d'en exagérer les inconvénients et l'importance. Le dessin n'échappe pas à cette brutale mutation. Le dessin, fait artistique, social, politique, économique apparaît également de plus en plus comme faisant partie intégrante de l'éducation.
Le dessin apparaît de plus en plus, dans une société sédentarisée à l'extrême, comme un moyen privilégié d'éducation, comme une possibilité de sauvegarde de la race humaine, comme une chance de survie. Il y a quelques décades, on pensait volontiers qu'il fallait être habile pour dessiner, on pense généralement aujourd'hui qu'il est nécessaire de dessiner pour être habile, pour échapper dans une large mesure à la menace qui se précise d'une déchéance psycho-physique de l'espèce.

Le dessinateur.

1. Méthodologie.

Si l'on veut appréhender d'une manière sérieuse et complète les problèmes du comportement du dessinateur, il convient de se référer à ces points essentiels : c'est que tout ce qui est méthodologique est MENTAL et que l'élément méthodologique apparaît comme un facteur capital dans le comportement du dessinateur. En dehors de l'activité « visible » du dessinateur, des postures qu'il emprunte, des gestes techniques qu'il réalise, des luttes qu'il mène, il y a tout ce qui se passe en lui, tout ce qui est du domaine INTELLECTUEL et AFFECTIF. C'est cette partie intime du comportement, déterminante pour l'action, qu'il convient d'explorer.

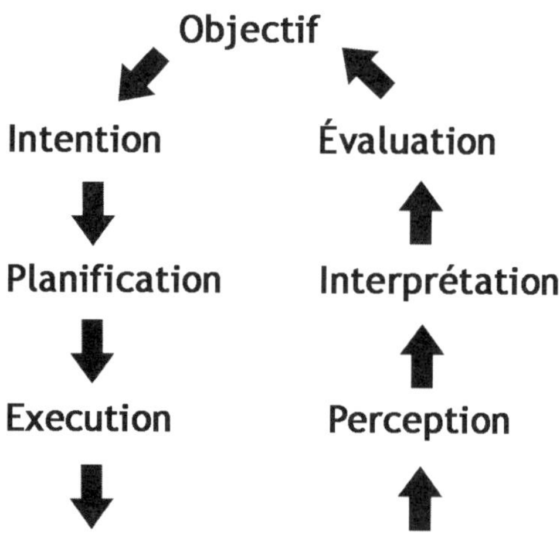

2. Phase et principales composantes de l'action de dessiner.

Les recherches entreprises dans ce domaine ont démontré que toute action motrice réalisée sur le papier est précédée par un complexe de processus mentaux. Ces processus mentaux sont déterminants pour l'action. Ainsi la tenue du crayon, de l'outil, ses déplacements, ne sont que le résultat de ces processus mentaux.

Les travaux du docteur Friedrich Malho, après ceux du docteur Le Boulch et du professeur Choutka ont ouvert dans le domaine

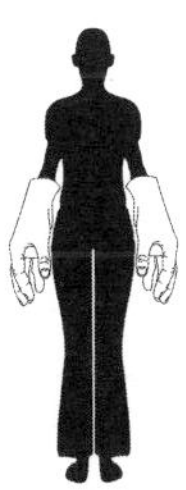

du dessin l'ère de la PSYCHO-MOTRICITÉ et même de la psycho-socio-motricité. Ces travaux ont le mérite de ne pas isoler l'acte de ses mobiles, des activités mentales qui l'ont provoqué. Il s'agit de préciser la nature de l'action de dessiner, ses composantes et qualités sensori-intellectuelles, psycho-caractérielles et physico-motrices et leurs proportions réciproques.

« Marchons d'abord avec les yeux » disait la jeune infirme d'Hervé Bazin dans son roman *Lève toi et marche*, dessinons d'abord avec les yeux, pourrait-on dire en matière de dessin. Si au volant, la vue c'est la vie, en dessin la vision claire de la ligne c'est le chemin qui mène à la création.

La perception ne peut pas être réduite à son seul aspect physiologique et nerveux, ce qui peut, à la rigueur, se concevoir au niveau le moins élaboré.

La perception du dessin est un processus psychique compliqué.

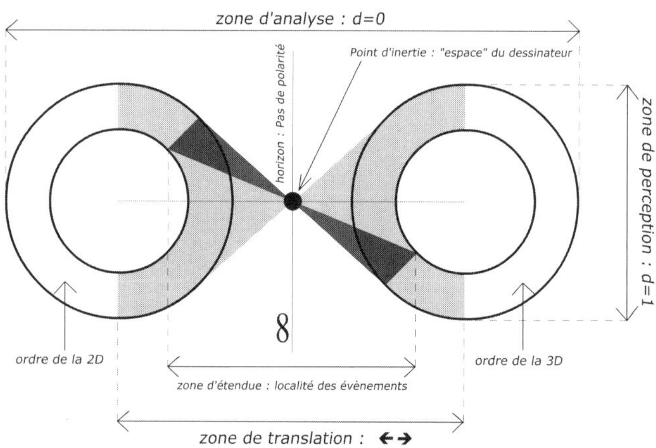

Le produit de notre perception n'est pas exactement le reflet fidèle de la situation objective mais l'image personnelle du dessinateur, relative et consciente concernant cette situation.

Percevoir une situation de dessin c'est en même temps la reconnaître, lui attacher une signification sur le plan méthodologique, c'est en même temps l'analyser.

On peut parler ici de perception analysante.

La prise de conscience de la situation par la perception du mouvement de l'outil permet une analyse rapide de la situation, un projet d'action s'élabore et enfin la réussite de l'action envisagée est obtenue grâce à la maîtrise technique du dessinateur.

Il convient de préciser que l'ordre chronologique de trois phases principales précédemment indiqué est très schématique et que ces phases sont en étroite interrelation. Il faut noter en particulier, que pendant les phases de programmation (solution mentale) et d'effection (solution motrice), le dessinateur continue de recueillir et d'analyser des informations tant :

- dans le domaine extéroceptif (environnement) lié aux notions de temps et d'espace ;

- que dans le domaine proprioceptif (c'est-à-dire relativement au dessinateur lui-même) avec la notion de perception de son propre corps en mouvement et celle d'organisation du schéma corporel.

Sans s'étendre plus avant dans cette formalisation du comportement en jeu, on peut en tirer une première conclusion, c'est que l'acte technique réalisé sur le support n'est pas quelque chose de purement physique et se trouve être parfaitement inséparable des processus mentaux qui l'ont engendré. Cela éclaire évidemment de façon particulière l'apprentissage technique.

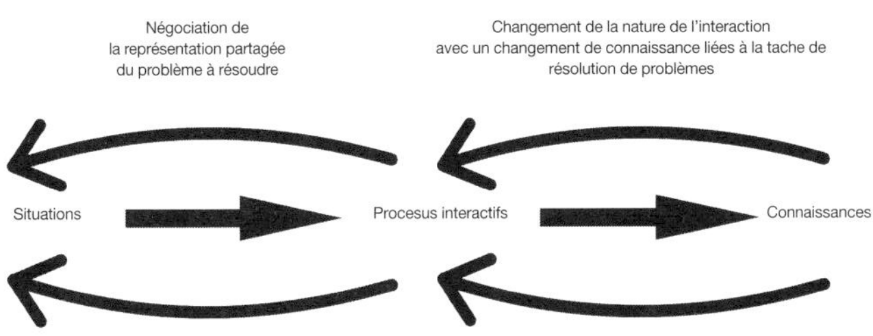

Par ailleurs, cette analyse comportementale démontre l'impérieuse nécessité d'une véritable ÉDUCATION PERCEPTIVE du dessinateur de la mise en œuvre d'un vaste effort d'acquisition de connaissances méthodologiques, théoriques et pratiques, au niveau de chaque dessinateur, par la RÉFLEXION MÉTHODOLOGIQUE, ces connaissances étant déterminantes pour la qualité de l'analyse des situations et pour celle du projet d'action.

Éducation perceptive du dessinateur, réflexion méthodologique, rapports de la technique et de la méthodologie sont donc des thèmes que je me propose d'aborder.

Dans l'action de dessin c'est la TOTALITÉ du dessinateur qui est engagée et si la technique du dessinateur, liée aux processus psychiques qui l'entourent et l'engendrent, apparaît comme le facteur essentiel du comportement, il est d'autres composantes importantes, qu'il est nécessaire d'évoquer.

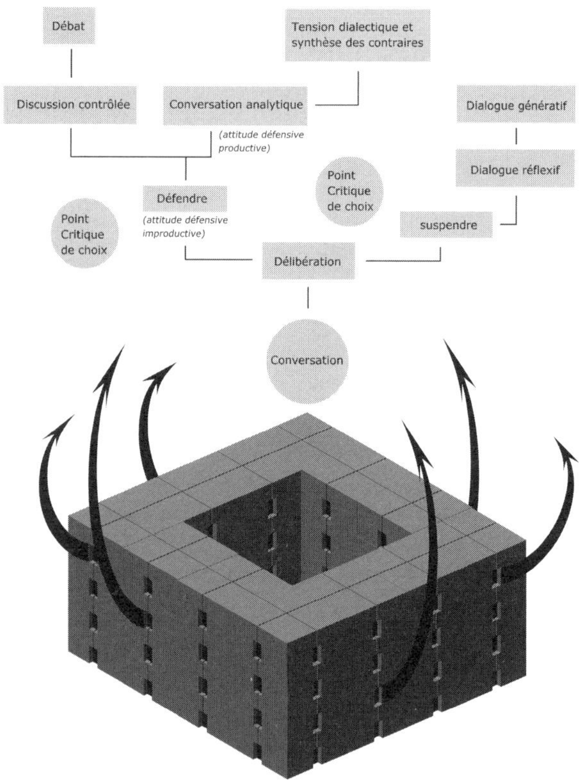

L'affectivité n'est-elle pas, en définitive, le facteur le plus décisif dans la création. C'est malheureusement le moins exploré, le plus difficile à appréhender sans doute. Les réactions affectives des dessinateurs représentent ce qu'il y a de plus obscur, de plus imprévisible et souvent de plus déroutant dans sa pratique.

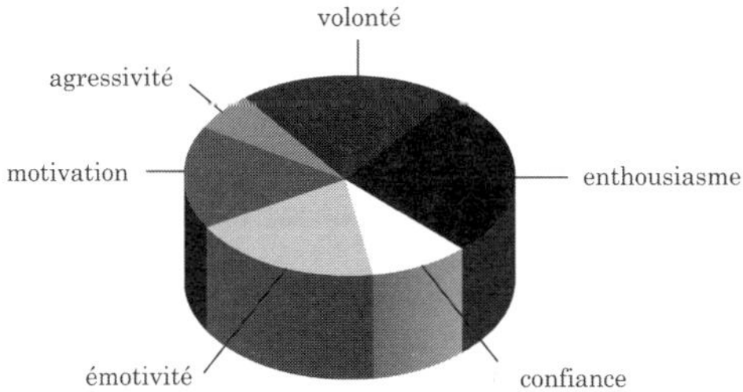

Répartition moyenne des principaux caractères d'un dessinateur dans ses 3 premières années d'apprentissage

ÉMOTIVITÉ, AGRESSIVITÉ, CONFIANCE, MOTIVATION, VOLONTÉ, ENTHOUSIASME... apparaissent souvent, dans la réalité du travail comme des mots magiques, chargés de mystère.

La réussite d'un dessin n'est donc pas seulement liée aux efficiences techniques, à la qualité des processus mentaux du comportement, mais aussi aux qualités artistiques, morales et caractérielles du dessinateur. La confiance, la sérénité indispensable, trouvent souvent l'essentiel de leur développement dans la conscience qu'ont les dessinateurs de leurs possibilités artistiques.

En résumé, il est indispensable de considérer dans une UNITÉ dialectique la technique et la méthode ainsi que les autres facteurs de l'apprentissage. Il est donc permis d'affirmer que le dessin renferme toutes les potentialités nécessaires pour participer non seulement à l'éducation technique, sociale, morale et caractérielle de ses adeptes mais encore à leur éducation intellectuelle. L'analyse et la synthèse de toutes les composantes du comportement en jeu et de l'exploitation qui peut en être fait sur le plan éducatif démontrent que le dessin peut être considéré comme un moyen puissant d'ÉDUCATION.

La technique.

Rapports du dessinateur avec son outil.

La technique a été définie de multiples façons. Pendant longtemps la technique du dessin a été considérée comme celle des arts appliqués, c'est-à-dire sous son aspect purement géométrique.

Le geste technique isolé n'a de signification que s'il permet de réaliser les tâches conçues par une méthode.

Inversement le NIVEAU TECHNIQUE du dessinateur et la conscience qu'il en a apparaît comme un facteur très important, voire déterminant du projet d'action et même de la perception de la situation. À titre d'exemple, analysons, très schématiquement, le comportement d'un dessinateur au travail.

- Si ce dessinateur possède un excellent geste, il cherchera dans l'entame du dessin si les conditions sont propices à son trait. L'efficience technique influence ici la pré-programmation (ou intention méthodologique) puis la perception et enfin la programmation définitive ;

- Si, par contre, ce dessinateur a conscience de la faiblesse habituelle de ses gestes, sa prise d'informations s'orientera vers un modèle, une référence pour déterminer son trait.

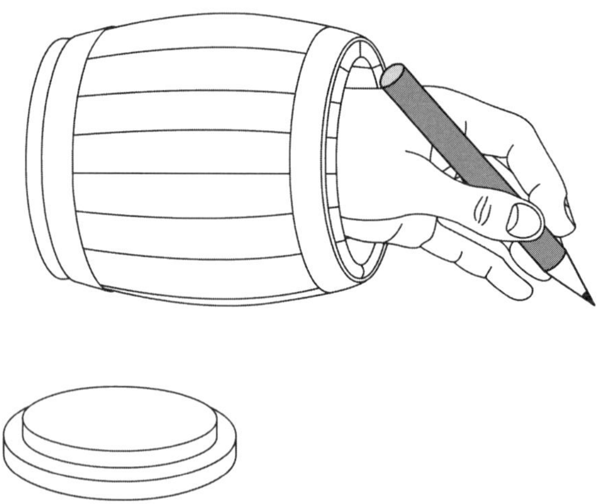

Ces deux exemples démontrent que la technique, processus moteur essentiel du comportement est inséparable des processus mentaux de ce comportement en jeu.

À partir de cette importante notion d'INTENTION MÉTHODOLOGIQUE initiale, on pourrait alors classer chronologiquement les phases du comportement conscient en jeu de la manière suivante :

- Intention méthodologique initiale (liée aux actions précédentes).
- Perception et analyse de l'état du dessin, orientées vers la recherche sélective de signaux significatifs se rapportant à l'intention initiale.
- Schéma d'action en concordance ou non avec l'intention méthodologique (en fonction des informations).
- Action motrice, geste technique réalisé.

De tout cela on peut conclure que le problème de l'apprentissage technique est capital. Si la technique est la manière de se servir de l'outil dans les conditions réelles du dessin qui se fait, on pourrait en déduire que tout travail technique analytique, en dehors de son action, est parfaitement inutile.

En réalité le dessinateur a besoin d'un grand nombre de combinaisons gestuelles dont chaque élément dépend du geste technique précédant et aussi de celui qui le suivra, autrement dit d'un passé et d'un devenir. La formation technique comporte donc un apprentissage par conditionnement qu'il convient de dépasser sans l'abandonner. Il est nécessaire que les gestes possèdent un niveau CONSCIENT et un niveau AUTOMATIQUE. Ainsi, le geste technique devient plus aisé, plus précis, plus rapide donc plus efficace.

La conscience ne contrôle plus en permanence l'exécution de ce geste. Elle peut se consacrer à d'autres tâches, se concentrer sur la situation extérieure. Le contrôle moteur des « savoir faire » techniques se renforce, le contrôle optique diminue. À mesure que se développe l'automatisation du mouvement, l'action motrice de l'homme devient de plus en plus consciente.

L'automatisation du geste doit se faire en fonction d'un stimulus car la cause primitive du mouvement est la situation qui l'engendre. Il convient d'établir une liaison « PERCEPTION-ACTE ».

Pour établir cette liaison, il est nécessaire de répéter cette conjonction entre le stimulus et le geste à réaliser. Dans cette phase de MÉCANISATION, il convient de chercher à répéter une signification.

Quand un geste technique a été travaillé en situation d'exercice, il ne faut pas oublier de le replacer dans le dessin définitif. Il s'agit de créer des stéréotypes dynamiques, c'est-à-dire capables d'évolution, l'élément invariant étant présenté avec les variantes. La formation technique se présentera donc sous l'aspect d'une alternance de périodes de mécanisation et de périodes de variation (ou d'applications).

Dans la pratique, on peut donc concevoir à partir de ces données théoriques, des formes de TRAVAIL TECHNIQUE assez sensiblement différentes des formes traditionnelles caractérisées par une « charge » quasi absolue de mécanisation. Nous nous servirons pour cela de quelques exemples concrets.

Tension musculaire en courant alternatif carré

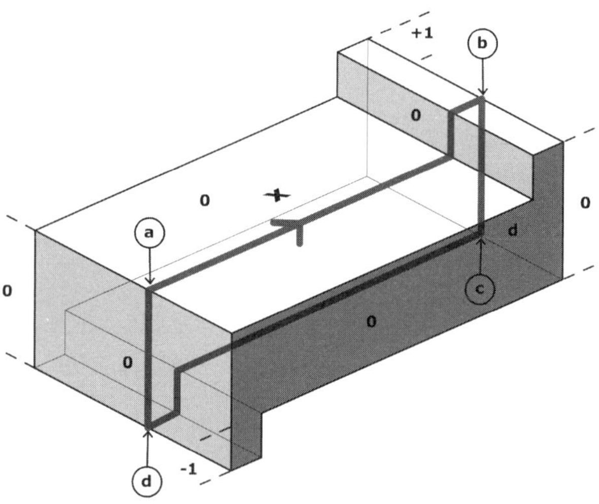

Seul le sens du courant instantané change mais pas sa valeur.

a = b et c = d mais b ^{1} d

1. Conduite du trait.

1er exercice : Le dessinateur conduit librement l'outil sur la feuille sans autre souci que de conduire effectivement le trait, sans objectif.

2e exercice : Passer de l'exercice précédent, à une conduite de l'outil permettant une information optique. Pendant la conduite de l'outil, il s'agit de voir le trait sans le regarder. La vision fovéale ou vision principale est axée vers le motif alors que le trait est perçu en vision marginale.

3e exercice : Conduire l'outil en fonction d'un signal optique. Le dessinateur suit les lignes d'un modèle en mouvement et « répond » à ses accélérations, ses ralentissements, ses arrêts et ses changements de direction. Le modèle est proche (vision rapprochée) ou à 15 ou 20 m (vision lointaine).

4e exercice : chronomètre. Le dessin chronométré est une forme intéressante et motivante de dessin. Celle-ci s'effectue en fonction d'un schéma constitué de points, de lignes, de plans, etc. La répétition incessante du même dessin diminue peu à peu la part de la perception et la mécanisation devient excessive. L'exercice n'a plus le même intérêt, la liaison perception-acte n'existant plus.

2. Information et technique.

Le dessinateur devant sa feuille peut être considéré, dans le domaine perceptif comme un émetteur et un récepteur d'informations. De nombreuses erreurs commises sont relatives au champ visuel et aux évaluations optiques et motrices. Les plus caractéristiques de ces fautes sont : celles qui ont trait à la non-perception d'éléments de la situation générale importants pour la solution de la tâche méthodologique (geste technique adapté) et celles se rapportant aux mauvaises évaluations de la distance, de la vitesse et du temps par rapport à la propre motricité de la main.

En dessin, le dessinateur reçoit (ou plutôt peut recevoir) des informations de diverses sources extérieures et principalement :
- de l'outil ;
- du support.

2.1 - L'outil.

Le dessinateur en action doit constamment s'informer sur la situation de l'outil et percevoir ses trajectoires. Notons au passage, qu'au niveau des débutants cette source d'information : l'outil, revêt un caractère de quasi-exclusivité. La notion de perception des trajectoires est inséparable de la technique ; le dessinateur qui veut contrôler son outil en mouvement doit être capable non seulement d'apprécier sa trajectoire (forme, distance, intensité) mais encore d'adapter sa propre motricité à cette trajectoire de l'outil. Cette adaptation est donc liée à la qualité des calculs optico-moteurs du dessinateur. L'apprentissage de la technique doit en tenir compte c'est-à-dire que la variable « trajectoire » est importante.

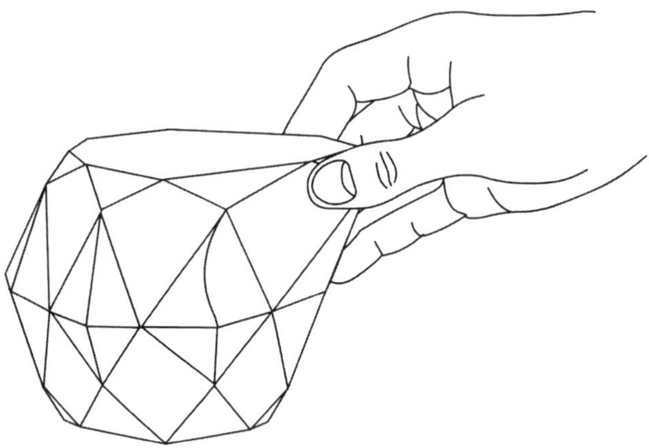

2.2 - Le support.

Il est important que le dessinateur soit constamment conscient de sa position par rapport aux limites du support et aux lignes qui y sont tracées. C'est un élément important de la structuration de l'espace au niveau du dessinateur. Cette considération condamne les séances de dessins préparatoires sur des supports souvent sommairement réalisés et implique qu'il est préférable, non seulement d'effectuer le travail préparatoire sur du papier de qualité le plus souvent possible, mais encore de pratiquer cette préparation sur le support définitif.

2.3 - Prise de conscience du geste technique.

En dessin, aucun trait ne ressemble exactement à un autre en raison de la diversité des sujets et des rapports réciproques des divers éléments qui les constituent.

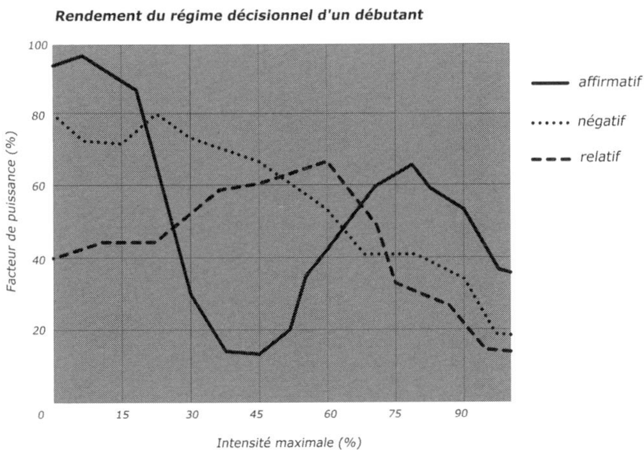

Cependant pour toutes les lignes tracées, du seul point de vue moteur il existe des constantes qu'il est nécessaire de connaître. Elles ont trait au déplacement de la main, à la posture du dessinateur, à l'outil utilisé, à la nature du papier..., etc. De l'ANALYSE du « geste classique » de tracé on a, traditionnellement, déduit des règles d'exécution et tout un répertoire d'exercices analytiques qui permettent de prendre conscience des « gestes techniques de base » du dessinateur. Ces gestes techniques ont été eux-mêmes répertoriés et appris et bien sagement et bien mécaniquement par toutes les générations de dessinateurs.

Tout cela est bien connu. C'est le reflet le plus caractéristique d'un enseignement mécanisé de la technique utilisant au maximum la RÉPÉTITION.

Il est certain que l'acquisition de la technique passe fatalement par des temps de prise de conscience de chaque geste et des temps de mécanisation par répétition. Il semble cependant nécessaire de faire alterner, ces temps de mécanisation avec ce qu'on pourrait appeler des temps d'application où les gestes techniques s'inscrivent dans les conditions normales du dessin.

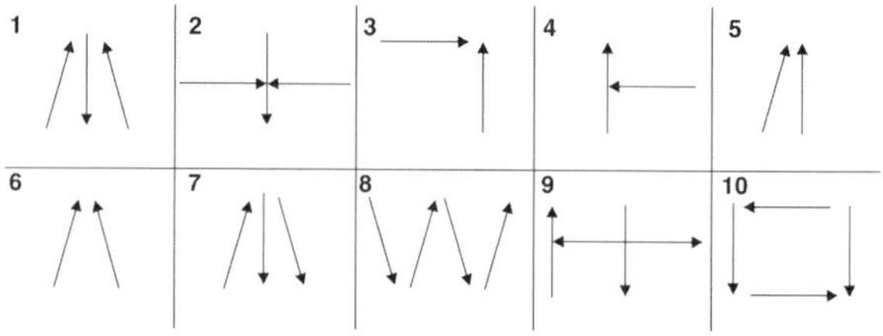

Facteurs psycho-caractériels du dessin.

L'affectivité peut être considéré comme la clé des conduites motrices.

Il paraît nécessaire d'étudier en premier lieu les relations entre le NIVEAU D'ASPIRATION (N.A.) et le NIVEAU DE PERFORMANCE (N.P). Le niveau d'aspiration est le résultat escompté par le dessinateur.

Il dépend de l'expérience, de la conscience qu'a ce dessinateur, de ses possibilités par comparaison au niveau de la scène artistique internationale qui est, le plus souvent, supposé plutôt qu'analysé objectivement. Ce niveau d'aspiration est également fonction des réactions aux échecs antérieurs dans le cas ou le niveau de performance a été inférieur au niveau d'aspiration et aux réussites, dans le cas inverse, c'est-à-dire quand le niveau de performance a été supérieur au niveau d'aspiration.

On constate généralement, sur ce point, deux types d'attitudes :

a. les attitudes objectives dans lesquelles on essaie de faire correspondre le N.A. et le N.P., le plus étroitement possible ;

b. les attitudes subjectives dans lesquelles le N.A. est établi par référence au N.P. avec prédominance :

- *soit d'un processus de compensation (NA>NP).*
- *soit d'un processus de défense (NA<NP).*

Le niveau d'aspiration d'un dessinateur est fortement influencé par les jugements et considérations d'autrui : galeristes, artistes, collectionneurs, critiques.

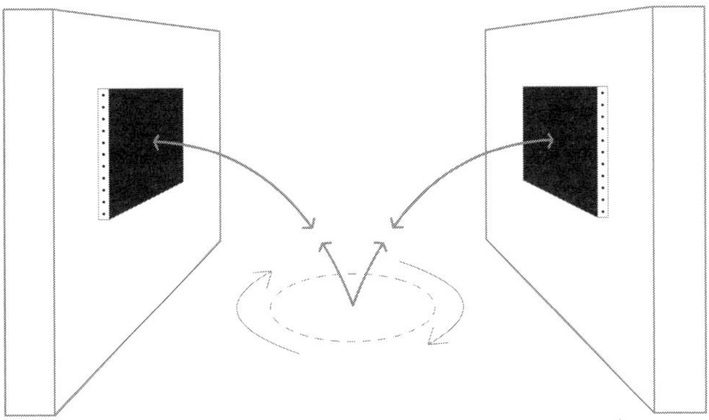

Il y a là un domaine dont l'importance dans la création est loin d'être négligeable. La véritable confiance, celle qui résiste aux aléas de l'exécution est celle qui s'inspire d'une objectivité réelle, source d'une volonté constante et lucide.

La volonté.

C'est la force psychique la plus indispensable au dessinateur. Au cours de la réalisation d'un dessin, plus les difficultés qui surgissent sont grandes, plus le dessinateur doit mettre en œuvre de force de volonté. Si la volonté se révèle être le plus souvent, et normalement, à la mesure des motivations qui l'engendrent, elle ne se forme vraiment que dans une lutte permanente du dessinateur contre les difficultés et dans la victoire sur ces dernières. Elle doit se développer au cours du travail d'expérimentation quels qu'en soient les formes et les objectifs particuliers.

Alliés à l'esprit de décision et d'initiative, le courage et la volonté permettent fondamentalement au dessinateur de traduire en actes ses décisions intellectuelles.

VOULOIR, SAVOIR, POUVOIR, c'est ainsi que se résument les impératifs de l'activité de dessiner. Il semble que ce « vouloir » placé à la première place, souligne bien l'importance de cette qualité pour aborder l'âpreté et les difficultés des luttes du dessin.

La concentration.

La signification donnée par les dessinateurs à ce terme de concentration est très diverse. Elle évoque (par exemple) le travail méticuleux des dessinateurs hyperréalistes.

Il semble que la définition suivante soit très évocatrice de la réalité : « se concentrer, c'est se représenter mentalement les tâches à accomplir ».

La concentration est donc cette période de temps, plus ou moins longue ou le dessinateur se recueille.

Pour le dessinateur, il s'agit d'une intériorisation de l'essentiel de tout ce qui a été décidé au cours des dernières expérimentations.

Deux choses sont importantes avant la réalisation d'un dessin, c'est d'abord de mettre en œuvre les conditions matérielles de cette concentration et ensuite de faire le nécessaire pour éviter deux aspects également préjudiciables :

- L'excès de concentration (en intensité et surtout en durée) ou l'absence de concentration.

- Les problèmes d'avant-dessin doivent être étudié de près ; ils sont importants et ne peuvent être résolus que par une maîtrise de soi.

Il est bien connu que l'aspect émotionnel de l'acte de dessiner se manifeste intensément avant de commencer le travail. La période qui commence à l'arrivée dans l'atelier pour se terminer au moment du premier coup de crayon est particulièrement cruciale ; elle ne peut être négligée.

L'échauffement est inclus dans cette période. Son but essentiel et traditionnel est de préparer le dessinateur de façon progressive aux efforts du dessin. L'aspect essentiel de cette « mise en train » est donc d'ordre physiologique : éveil de la grande fonction cardio-pulmonaire, sollicitation des articulations et principaux groupes musculaires.

Nous ne pensons pas que l'échauffement doive se limiter au seul aspect physiologique ; sans vouloir, bien sûr, en négliger l'absolue nécessité. Il s'agit en définitive, par cette préparation, de permettre au dessinateur, de trouver leur plein rendement dès le début du dessin, de favoriser leur insertion dans la réalité du dessin. Cela suppose donc, en plus de la mobilisation des efficiences physiques du dessi-

L'exemple du genou

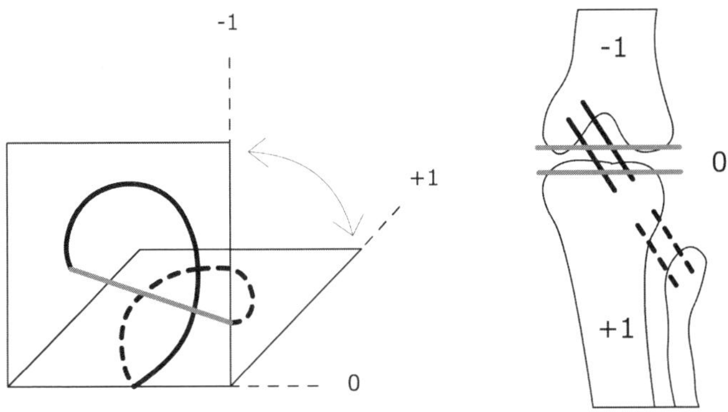

nateur, la mise en action, l'éveil de tous les aspects relationnels de l'acte de dessiner : dessinateur-outil, dessinateur-support et même dessinateur-contexte artistique.

Si se concentrer, c'est surtout se représenter mentalement les tâches à accomplir, on peut donc concevoir qu'elle n'intéresse que la période précédant l'action.

On lui donne parfois et même couramment une plus vaste signification. On parle de dessinateurs concentrés, déconcentrés ou trop concentrés durant leur travail. Il y a peut-être là une légère confusion entre concentration et ATTENTION.

En réalité, la véritable attention est l'expression de l'orientation des processus sensoriels et intellectuels vers un objet…Elle n'est pas une force particulière de l'homme mais un phénomène qui est lié à la perception, à la pensée et, plus particulièrement aux activités pratiques de l'homme. L'attention durant le travail de réalisation d'un dessin trouve donc son orientation, ses impacts, pourrait-on dire, à partir des études méthodologiques et expérimentales préalables. Elle apparaît ainsi comme la suite logique, concrète de la concentration qui précède l'acte. La volonté est un des supports de cette attention en jeu. Elle permet de surmonter de possibles défaillances d'attention (ou de concentration, comme l'on voudra !) imputable à d'autres facteurs qui l'entravent (fatigue, excitation, nervosité, angoisse, incidents, etc…).

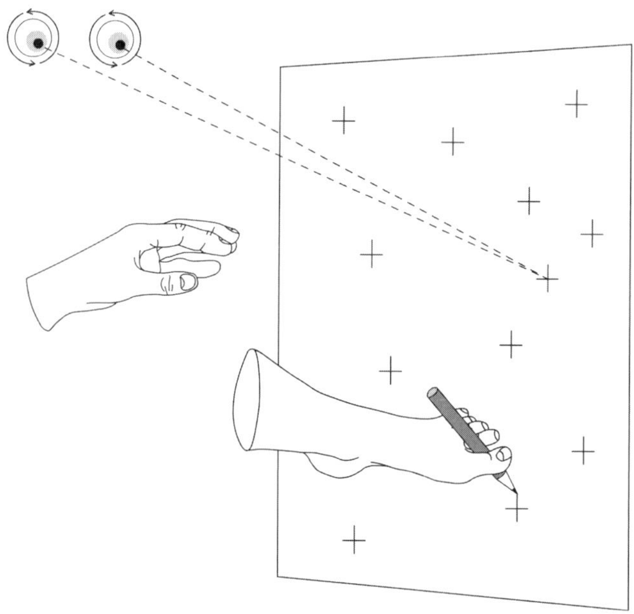

Savoir se concentrer avant et pendant le travail est un pouvoir très important pour le dessinateur. S'il trouve l'essentiel de son origine dans l'INTÉRÊT que prend le dessinateur pour le dessin, il ne peut se développer qu'à partir d'un effort de volonté constant, durant le travail et les expérimentations. Et aussi par un travail qualitatif de réflexion, d'analyse comportementale objective, condition sine qua non d'une attention, d'une concentration axées sur des objets d'importance capitale pour l'efficacité durant l'acte de dessiner. Il s'agit en définitive de canaliser convenablement cette concentration pendant l'acte, de lui donner des objectifs bien déterminés afin d'éviter toute dispersion vers des aspects secondaires du dessin.

Conclusion.

Notre propos était, avant tout, de montrer combien, en fonction de la société évolutive où il prend de nouvelles dimensions, le dessin peut être abordé dans une optique nouvelle. Les techniques d'appréhension des problèmes qu'il pose au niveau du marché de l'art, de la formation, de l'expérimentation, liés principalement à l'évolution esthétique, éclairent d'un jour nouveau, les possibilités de progrès et d'utilisation du dessin comme discipline éducative.

GUILLAUME PINARD (1971) EST DESSINATEUR ET ENSEIGNE À L'ÉCOLE SUPÉRIEURE DES BEAUX-ARTS DE TOULOUSE.
IL PARTICIPE À L'EXPOSITION « ROAD STRIP » UNE PROPOSITION D'ARNAUD FOURRIER POUR L'ESPACE DES ARTS, CENTRE D'ART DE COLOMIERS, DU 17 AU 23 NOV. 2008.
IL A NOTAMMENT PUBLIÉ « LE CLOU SANS TÊTE », TEXTES ET DESSINS ISSUS DE LA CORRESPONDANCE D'UN ÉCRIVAIN RECLUS (COÉDITÉ PAR MICRO-ONDE CENTRE D'ART DE L'ONDE, ET SÉMIOSE ÉDITIONS).

HOLLIS FRAMPTON
UNE CONFÉRENCE

Ce texte est extrait de *Hollis Frampton, l'écliptique du savoir,* ouvrage publié sous la direction d'Annette Michelson et Jean-Michel Bouhours, éditions du Centre Georges Pompidou, 1999.

Traduit de l'américain par Serge Chauvin.

Une conférence

Veuillez éteindre la lumière.

Puisqu'on va parler de films, autant le faire dans le noir.

Nous sommes tous déjà venus. Avant même d'avoir dix-huit ans, disent les statisticiens, nous sommes déjà venus cinq cents fois.

Non pas dans cette salle précisément, mais dans ces ténèbres génériques, le seul lieu au sein de notre culture qui soit encore destiné à l'exercice concentré d'un seul ou, au mieux, de deux de nos sens.

Nous sommes, dirons-nous, confortablement installés. Nous pouvons ôter nos chaussures, si cela nous aide à ôter nos corps. À défaut de quoi, la direction nous autorise quelques petites distractions orales. Le stand de distractions orales se trouve dans le hall.

Nous voilà donc suspendus dans un espace absolument neutre, avec pour bagage une certaine disposition de nos affections. Nous sommes venus faire un travail qui nous plaît. Nous sommes venus regarder *ceci.*

Le projecteur s'allume.

Tant et tant de watts d'énergie, répartis sur quelques mètres carrés d'écran uniformément blanc, soit un rectangle respectueux de la norme, trois unités en hauteur sur quatre en largeur.

L'exécution est irréprochable. L'exécutant est une machine de haute précision. Celle-ci se tient derrière nous, généralement hors de vue. Son rayon d'action est peut-être limité, mais dans ces limites elle est infaillible, tel un animal.

Elle lit pour ainsi dire une partition qui est à la fois notation et substance de l'œuvre.

Elle peut réitérer son exécution indéfiniment, avec une exactitude totale. Et c'est ce qu'elle fait.

Notre rectangle de lumière blanche est éternel. C'est *nous* qui venons et qui repartons; nous disons : C'est là que je suis arrivé. Le rectangle était là avant que nous n'arrivions, et il sera là après notre départ.

Ainsi, il semble bien qu'un film soit d'abord un espace délimité, que vous et moi, nous, une multitude de gens, fixons du regard.

Ce n'est qu'un rectangle de lumière blanche. Mais c'est en même temps tous les films. Nous ne pourrons jamais en voir *plus* à l'intérieur de notre rectangle, seulement *moins.*

Au mot "rouge", on place un filtre rouge sur l'objectif.

Si l'on voyait un film *rouge,* s'il s'agissait là d'un film de couleur rouge, n'en verrions-nous pas davantage ?

Non.

Un film rouge *soustrairait* le vert et le bleu de la lumière blanche de notre rectangle.

Ainsi, si nous n'aimons pas ce film-là en particulier, nous ne devons pas dire : Il n'y en a pas assez ici, je veux en voir plus. Nous devons dire : Il y en a trop ici, je veux en voir moins.

On retire le filtre rouge.

Notre rectangle blanc n'est pas "rien du tout". C'est en fait, au bout du compte, tout ce que nous avons. Ceci est l'une des limites de l'art du film.

Ainsi, si nous voulons voir ce que nous appelons *plus,* et qui en réalité est *moins,* nous devons concevoir des façons de soustraire, d'enlever telle ou telle chose, plus ou moins, de notre rectangle blanc.

Le rectangle est produit par notre exécutant, le projecteur, et tout ce que nous concevrons doit pouvoir s'y adapter.

Donc l'art de faire des films consiste à concevoir des choses à mettre dans notre projecteur.

La chose la plus simple à concevoir, quoique pas forcément la plus facile, c'est rien du tout, qui s'adapte sans difficulté à la machine.

Tel est le film que nous sommes en train de regarder. Il a été conçu il y a plusieurs années par le compositeur japonais Takehisa Kosugi.

De tels films présentent certains avantages économiques pour le cinéaste.

En dehors de cette considération, force est de constater que, d'un point de vue esthétique, ce film est incomparablement supérieur à la grande majorité des films qui ont jamais été faits.

Mais nous sommes convenus que nous voulons en voir *moins* que cela.

Fort bien.

Une main obstrue toute la lumière dirigée vers l'écran.

Nous pouvons mettre notre main devant l'objectif. Cela nous réchauffera la main pendant que nous décidons *jusqu'à quel point* nous voulons en voir *moins.*

Nous décrétons que ce moins ne doit pas aller jusqu'à nous priver de notre rectangle, une forme qui nous est aussi familière et nourricière que celle d'une cuillère.

La main se retire.

Disons que nous désirons *moduler* les informations générales dont le projecteur bombarde notre écran. Voici qui va peut-être faire l'affaire.

On introduit un cure-pipe dans la fenêtre de projection.

Voilà qui est mieux.

Cela ne retiendra peut-être pas longtemps toute notre attention, mais il nous reste notre rectangle, et de surcroît nous pouvons toujours sortir.

On retire le cure-pipe.

Nous avons déjà conçu quatre choses à mettre dans notre projecteur.

Nous avons fait quatre films.

Il semble bien que soit film tout ce qu'on peut mettre dans un projecteur et qui en module le faisceau de lumière.

Toutefois, au nom de la diversité de nos modulations, au nom d'un contrôle plus précis de la nature et de la quantité de ce que nous soustrayons à notre rectangle, nous utilisons le plus souvent un matériau conçu spécialement à cet effet et appelé : *film*.

Le film est un ruban étroit et transparent, de toute longueur, perforé à intervalles réguliers sur ses bords pour pouvoir être entraîné commodément par des pignons. À un certain moment, il a été sensible à la lumière.

À présent, conservant une trace fidèle des endroits où il y avait, ou non, de la lumière, il module notre faisceau lumineux, y opère des soustractions, y ménage un vide, lequel prend pour nous l'apparence, par exemple, de Lana Turner.

En outre, ce vide fait quelque chose : il semble bouger.

Mais si l'on prend dans sa main le ruban de film et qu'on l'examine, on s'aperçoit qu'il se compose d'une longue succession de petites images qui ne bougent pas du tout.

On nous dit que l'explication est simple : *toutes* les explications le sont.

Le projecteur accélère les petites images fixes jusqu'au mouvement. Les images isolées, ou photogrammes, sont invisibles pour notre vue défaillante, et rien de ce qui arrive dans *une seule* d'entre elles ne frappe notre rétine.

Et cela est vrai tant que tous les photogrammes sont pour l'essentiel identiques. Mais si l'on perce un trou dans un seul photogramme de notre film, il est certain que nous le verrons.

Et si l'on assemble un grand nombre de photogrammes dissemblables, il est non moins certain que nous les verrons tous séparément. Ou que du moins nous pouvons *apprendre* à les voir.

Nous avons *appris* il y a longtemps à voir notre rectangle, à tout voir simultanément avec netteté. Si les films se composent de photogrammes successifs, nous pouvons également apprendre à les voir, *eux*.

La vision même s'apprend. Un nouveau-né voit non seulement mal, mais à l'envers.

En tout cas, parmi nos photogrammes, nous avons trouvé, comme nous le pensions, Lana Turner. Certes, elle n'était qu'une ombre fugitive – mais nous avions saisi quelque chose. C'était elle, le *sujet* du film.

Si nous pouvons convenir que c'était *elle* le sujet du film, c'est peut-être qu'elle apparaissait plus souvent que tout le reste.

Un film doit assurément avoir pour sujet ce qui y apparaît le plus souvent.

Supposons à présent que Lana Turner ne soit pas toujours à l'écran.

Supposons encore qu'on prenne un instrument et qu'on raye le ruban de film sur toute sa longueur.

Alors la rayure est plus souvent visible que Mademoiselle Turner, et c'est la rayure qui devient le sujet du film.

Supposons à présent qu'on projette tous les films. Quel est leur sujet, dans toute leur multitude ?

À divers moments, on aura vu, comme on s'y attendait, bien des choses différentes.

Mais il n'y a qu'une seule chose qui aura *toujours* été dans le projecteur.

Le film.

C'est cela que nous aurons vu.

C'est donc cela le sujet de tous les films.

Si nous avons du mal à l'admettre, nous devrions nous rappeler ce que nous croyions autrefois à propos des mathématiques.

Nous étions persuadés qu'elles traitaient du nombre de pommes ou de pêches que possédait George ou Harry.

À partir de là, il devient plus facile de comprendre ce que fait un cinéaste.

Il fait des films.

Or nous nous souvenons qu'un film est un ruban de matériau concret, enroulé en bobine : une succession de petites images immobiles.

Le cinéaste fabrique le ruban en raccordant des bouts de film, petits ou gros.

Ce travail peut nous sembler impitoyable et fastidieux, cependant le cinéaste aime coller des petits bouts de matière anonyme.

Mais alors, l'aventure des tournages ? Les décors exotiques ? Les stars ?

L'artiste de cinéma exerce un impérialisme absolu sur son ruban d'images. Mais les films sont faits de pellicule impressionnée, et non du vaste monde.

Encore une fois, le cinéma, dit-on, est censé être un puissant moyen de communication. On s'en sert pour toucher l'esprit et le cœur des hommes.

Mais l'artiste de cinéma, imperturbablement, se contente d'assembler son ruban d'images, ce qui est au moins quelque chose qu'il comprend un tant soit peu.

Le pionnier de la chirurgie du cerveau, Harvey Cushing, demandait à ses jeunes assistants : Pourquoi avez-vous fait médecine ?

Pour secourir les malades.

Mais n'avez-vous aucun plaisir à taillader la chair et l'os ? leur demandait-il. Je ne peux pas instruire des hommes qui ne prennent pas plaisir à ce qu'ils font.

Si les films sont faits de pellicule impressionnée, nous devons utiliser la caméra. Que dire alors de l'aventure de la caméra ?

Et l'artiste de cinéma répond : La caméra est une machine à impressionner de la pellicule. Elle me fournit un troisième œil, elle offre à ma vision un prolongement particulièrement pénétrant.

Mais elle ne fonctionne que grâce à mes mains, à mon corps, qu'elle tient occupés, si bien que j'ampute l'une de mes facultés en en favorisant une autre.

De toute façon, je n'ai pas vraiment besoin d'impressionner moi-même la pellicule. Ce qui présente essentiellement l'avantage de me tenir à l'écart de mes propres films.

Nous nous demandons si cela n'interfère pas avec sa quête de l'expression personnelle.

Si nous osions lui poser la question, il nous répondrait sans doute que l'expression personnelle ne l'intéresse guère.

Ce qui l'intéresse, c'est plutôt de retrouver les conditions et les limites fondamentales de son art.

Après tout, dirait-il, l'expression personnelle n'a été un enjeu spécifique que durant une très brève période de l'histoire, que ce soit dans les arts ou ailleurs. Et cette période est pour ainsi dire terminée.

Désormais, nous devons enfin admettre que l'auteur du texte que nous sommes en train d'entendre a beaucoup en commun avec le cinéaste que nous venons d'interroger.

Au nom de la précision et de la reproductibilité, il a substitué à sa présence physique un magnétophone – exécutant mécanique aussi infaillible que le projecteur derrière nous.

Et pour illustrer sa conviction qu'il n'y a rien de plus superflu en art que l'artiste lui-même, il a fait en sorte de faire enregistrer son texte par un autre cinéaste, dont nous entendons en ce moment la voix.

Puisque le conférencier est également cinéaste, il est tout à fait qualifié pour parler de la seule activité que l'auteur du texte soit disposé à aborder pour le moment.

Il nous reste encore quelque temps pour contempler notre rectangle.

Il se peut que sa simple présence nous en apprenne autant que tout ce que nous pourrions y trouver projeté.

Nous pouvons inventer nos propres procédés afin d'y changer quelque chose.

Mais c'est là que nous étions arrivés.

Veuillez rallumer la lumière.

New York, 1968

HOLLIS FRAMPTON (1936 - 1984), PHOTOGRAPHE ET CINÉASTE AMÉRICAIN D'AVANT-GARDE, THÉORICIEN ET CRITIQUE DU CINÉMA, EST CONSIDÉRÉ COMME L'UN DES PIONIERS DE L'ART NUMÉRIQUE.

Le saut dans le vide, **Fayçal Baghriche,** 2004, photographie, 45 x 65 cm, d'après Yves Klein, *Un homme dans l'espace ! Le peintre de l'espace se jette dans le vide !*, photmontage, publié dans *Dimanche. Le Journal d'un seul jour*, 27 novembre 1960.

NICOLAS CHARLET

JE SUIS LA RÉVOLUTION

« Tout écrivain qui, par le fait même d'écrire, n'est pas conduit à penser : je suis la révolution, seule la liberté me fait écrire, en réalité n'écrit pas »
Maurice Blanchot dans *La Part du feu* (1949), Paris, Gallimard, 1972, p. 310.

Toute sa vie Maurice Blanchot refusa de se montrer, de se raconter, de s'exposer, à tel point que les photos de lui sont rarissimes. Il voulait s'effacer derrière ses livres pour n'être qu'un « écrivain », c'est-à-dire *« ce lieu vide où s'annonce l'affirmation impersonnelle. »* Blanchot écrit pour tuer Blanchot. Il sait que nommer c'est commettre un meurtre, faire d'une présence une idée. *« Quand je parle, je nie l'existence de ce que je dis, mais je nie aussi l'existence de celui qui le dit »* écrit ce terroriste du moi.

Dans le silence de la création, on sait l'efficace de la rêverie. Aucune machine, même la plus puissante, ne peut rivaliser avec la liberté de créer. Or la créativité, jouissance de la liberté, n'est pas une affaire d'ego. Écrire, peindre, inventer ou rêver c'est recréer le monde. Exister au-delà de ses propres limites. Être pleinement soi et totalement autre. Bizarrement, il faut s'absenter pour se trouver. S'oublier pour s'enflammer. Errer dans les terres inconnues pour habiter la sienne.

Dans une société qui repose sur la loi du marché et la vérité de la science, le promeneur solitaire perturbe joyeusement l'ordre établi. Il ne respecte pas la structure idéaliste du progrès où l'homme occupe une place précise dans la définition précise du temps et de l'espace. Créer c'est sortir de la linéarité du temps et de l'espace. Dynamiter la pensée unique. Explorer la marge pour approcher l'intérieur :

un dedans inclusif au lieu du dehors exclusif. Rien à voir avec l'utopie et encore moins avec l'idéologie. Cette manière de sortir des sentiers battus, de prendre la tangente est une manière d'être, un choix de vie qui n'a rien de dérisoire.

L'écrivain ou l'artiste peuvent réveiller les consciences. Secouer l'ossature de l'universalisme. Non, le « progrès » ne nous offrira pas le bonheur, non, la technologie ne nous rendra pas plus humain. La science ne nous dira rien de la vérité du monde. La religion n'étanchera pas notre soif de sens. La vérité n'est pas linéaire. Si elle emprunte les autoroutes de la connaissance, elle sillonne aussi des chemins impraticables.

Aujourd'hui le discours savant est convenu. C'est un discours consensuel. Il ne déborde pas, il reste à sa place. Quand il sort de l'œuf, c'est pour se donner en spectacle. La pensée savante a ses héros, ses figures tutélaires, ses ambassadeurs d'image. On pourrait voir là une dérive, or ce n'est que le reflet d'une réalité plus profonde. Dans sa maison, où elle se trouve bien, la pensée savante se conforme aux règles strictes du découpage disciplinaire et de la hiérarchie corporative. Les universitaires savent respecter scrupuleusement les formes, la règle, le cadre. L'université forme des virtuoses.

Le système paraît verrouillé. Mais nombreux sont ceux qui le bousculent, refusant le conformisme, l'arrogance et la désillusion. Ceux-là renoncent à la logique du « devoir être », logique de la moralité et de la rentabilité. Ils ne sont pas là où on les attend, ce sont les électrons libres de la pensée. Ils pensent culture quand on leur impose discipline. Ils n'obéissent plus. Ils écrivent, ils créent, ils partagent.

Le rationalisme moderniste avait éradiqué la créativité, le jeu, l'imaginaire, l'esprit d'enfance, la nature. Une révolution éthique est en marche. L'homme robotisé, aseptisé, vidé, veut réinvestir son corps. Il ne pense plus seulement en terme de productivité mais aussi de plaisir. Il veut donner un sens à sa vie. Jouir de l'existence. Rendre un corps à l'esprit. Retrouver cette unité que le diktat de la consommation lui a interdit rompant ainsi le lien entre le moi et le monde. La révolution éthique qui prend la forme de l'écologie, de la créativité, de la sensibilité et de la solidarité est une révolution généreuse.

La modernité avait érigé l'individu en organisme tout puissant. De plus en plus l'individu ne se pense plus de manière concentrique.

L'épanouissement du corps et de l'esprit est indissociable de son appartenance à une communauté. Le développement récent du mouvement écologique en est un signe. L'éthique de la « reliance » dont parle Michel Maffesoli[1], agitateur d'idées portant nœud papillon, se substitue à la morale et à l'individualisme.

L'enjeu de cette révolution est de transformer notre rapport au monde. Ne plus être des consommateurs obéissants mais *« faire l'expérience du monde »* comme l'écrivait George Maciunas en 1962[2]. Ne plus posséder et dominer mais partager et circuler. Maurice Merleau-Ponty a laissé de belles pages sur la circulation du sensible : *« Il suffit que je voie quelque chose pour savoir la rejoindre et l'atteindre, même si je ne sais pas comment cela se fait dans la machine nerveuse. [...] Immergé dans le visible par son corps, lui-même visible, le voyant ne s'approprie pas ce qu'il voit : il l'approche seulement par le regard, il ouvre sur le monde. [...] Le monde est fait de l'étoffe même du corps. »*[3]

Le propre de l'homme est d'être sentant et sensible, voyant et visible, écrit le philosophe. L'enroulement de mon corps dans la « pulpe » du monde est une « expérience » proprement révolutionnaire. Elle me fait exister en m'effaçant. Elle élargit mon être (*« Faire une déchirure unique et totale dans l'éther où rien n'existe »* écrit Shiraga Fujiko en 1955). Quand j'écris le bleu du ciel, je suis le bleu du ciel. Je ne suis plus seulement un auteur mais je suis la substance que j'imagine, l'histoire que je raconte, le rêve que je vis. L'éthique de la reliance se déploie à l'horizontale (comme dirait Gainsbourg) alors que la morale du pouvoir se dresse à la verticale.

L'évolution est manifeste : les notions de circulation, d'interactivité, de nébuleuse constituent notre culture. La communication gagne du terrain sur la consommation. Nous ne pensons plus en terme de centre et de périphérie mais en terme de diversité et de différence. La Toile est un espace virtuel difficile à maîtriser. Libre de nature. L'hypertexte est son mode de communication. Non pas un système mais une sensibilité. Une approche particulière, alimentée

---

1. Michel Maffesoli, *Le Réenchantement du monde. Une éthique pour notre temps*, Paris, La Table Ronde, 2006.

2. George Maciunas, dans *De-Collage*, éd. Wolf Vostell, Cologne, juin 1962.

3. Maurice Merleau Ponty, *L'œil & l'esprit*, Paris, Gallimard, 1964.

par une infinité de contributeurs échappant à toute systématisation.

L'hypertexte devient dans sa forme nébuleuse la réalité improbable du texte. Lequel n'est plus une totalité constituée d'un début et d'une fin mais un fragment doté d'innombrables liens eux-mêmes dotés d'autant de liens. L'hypertextualité électronique est la forme actuelle de la circulation du sens et du sensible dont Merleau-Ponty[4] s'est fait le théoricien et le poète. Les cultures électroniques, instables et mobiles, réinventent la conception même de culture. Ni absolue ni universelle, la culture se vit au pluriel et en mouvement. L'hypertexte, la marge, les lignes de fuite ne sont plus des suppléments d'âme, ils sont la réalité sensible d'une histoire collective.

La mort annoncée du modernisme a mis fin au culte du héros. Je peux écrire « je suis la révolution » sans me faire passer pour Dieu. Ou alors c'est une farce. Mon « je » n'est rien, rien d'autre qu'un « je ». Je dis « je suis la révolution » comme on saute dans le vide pour le plaisir d'une expérience et la jouissance d'une photographie[5]. La création n'est plus une histoire sainte. La création n'est plus réservée à une poignée d'élus, elle est une manière de s'épanouir à travers l'imaginaire. Bachelard était étrangement actuel quand il écrivait dans sa poétique des éléments : *« La connaissance poétique du monde précède la connaissance raisonnable des objets. Toute primitivité est onirisme pur. »*[6]

L'esthétique du fragment, l'expérience du vide, l'effacement de l'auteur, la déstructuration du discours sont désormais caractéristiques des cultures électroniques. Celui qui peut dire ou écrire « je suis la révolution », comme l'aurait proclamé Che Guevara, n'est plus forcément un héros, une icône de la liberté. Celui qui peut dire ou écrire « je suis la révolution » n'est plus le centre du monde.

Le monde ne repose pas sur mes épaules d'écrivain. Je suis une personne ordinaire. Mais quand j'écris, je veux croire que le monde se repose dans mes bras.

---

4. Maurice Merleau Ponty, *Phénoménologie de la perception*, Paris, Gallimard, 1945.

5. Je pense au saut dans le vide d'Yves Klein. Cette image est devenue un mythe, à l'origine ce fut une expérience drôle et fraternelle avec la collaboration d'amis judokas venus donner un coup de main (ils réceptionnaient l'artiste dans une bâche). La bâche qui a été effacée de la photo n'est pas le Saint-Suaire, le geste de Klein a la fraîcheur d'un vol d'hirondelle.

6. Gaston Bachelard, *L'Air et les songes*, éd. José Corti, 1950.

L'artiste ou l'écrivain n'est pas investi d'une mission divine. Il n'est pas un surhomme. Beaucoup de jeunes écrivains parlent avec passion de l'effacement de l'auteur mais s'observent aussi passionnément dans le miroir du destin héroïque...

Écrire ou créer est un acte d'humilité. C'est faire l'expérience de l'étrangeté, l'expérience du vide. Non pas d'un vide creux mais d'un vide respiratoire. Proche de ce que l'on appelle le souffle. Je crois que l'écriture garde le souvenir de cette plénitude du vide. C'est une détonation silencieuse. Un acte de présence. Une révolution pacifique. À chacun d'être la révolution sans écraser l'autre. L'éloquence du silence ne tue que ceux qui ne le supportent plus. *« Je trouverai le problème central, écrit Artaud, celui auquel tous les autres pendent comme les fruits de la grappe, et alors : plus de folie, plus de monde, plus d'esprit, surtout, plus rien. »*

Je crois à l'acte minimal, à l'effet papillon, au presque rien qui provoque un séisme. Artaud toujours : *« Il ne faudrait qu'un seul mot parfois, un simple petit mot sans importance, pour être grand, pour parler sur le ton des prophètes, un mot-témoin, un mot précis, un mot subtil, un mot bien macéré dans mes moelles, sorti de moi, qui se tiendrait à l'extrême bout de mon être, et qui, pour tout le monde ; ne serait rien. »*[7]

Je ne crois plus au culte de la puissance. Je crois au courage et à l'intelligence du geste.

L'enthousiasme et la « foi » (dans le sens d'un espoir insensé) donnent des ailes. Nul besoin d'être armé pour faire sauter des citadelles. Je me souviens de cette photo inouïe d'un homme dressé face aux chars, Place Tiananmen. Cet acte anonyme eut l'effet d'une bombe sur les consciences. Je pense aussi à Antonin Artaud, symbole même de la révolution. Sa parole est une lame de fond. Après son internement, neuf ans de torture physique et morale en clinique psychiatrique, Artaud est un revenant. Son retour effarant, avec la conférence du Vieux-Colombier le 13 janvier 1947, l'enregistrement de *Pour en finir avec le jugement de dieu* et la publication de *Van Gogh le suicidé de la société*, est comme une secousse sismique dans l'histoire de la littérature et de l'art. Artaud fit de sa solitude écrasante un brasier.

---

7. Antonin Artaud, *Le Pèse-Nerfs*, Leibovitz, Paris, 1925.

« Qui suis-je? D'où je viens? Je suis Antonin Artaud et que je le dise comme je sais le dire immédiatement vous verrez mon corps actuel voler en éclats et se ramasser sous dix mille aspects notoires un corps neuf où vous ne pourrez plus jamais m'oublier. »

Le passage à l'acte c'est l'affirmation d'une présence. C'est le fait de dire haut et fort « je suis vivant ». Message absurde en apparence mais ô combien puissant. Une puissance naturelle et irrationnelle, identique à celle de la terre. Pensons à la vitalité du dadaïsme, à son refus de tout système (Tzara : *« L'absence de système est encore un système, mais le plus sympathique. »*), à l'éminence du geste que Tzara défendait dans un style lapidaire : *« Tout acte est un coup de revolver cérébral. »*[8]. Comme en écho, le dadaïste japonais Mavo écrivait trois ans plus tard dans un manifeste signé collectivement : *« Nous sommes debout à la pointe. Et nous nous y tiendrons toujours. Nous ne sommes pas enchaînés. Nous sommes des extrémistes. Nous faisons la révolution. Nous sommes en marche. Nous créons. À tout instant, nous acceptons, nous refusons. Nous sommes vivants dans tous les sens possibles du mot, à un degré incomparable. »*[9].

Avant d'être un acte, le passage à l'acte est un geste. Un élan. Ce dynamisme s'oppose à la vision figée du modernisme où chaque chose et chaque être occupe une place bien établie. A l'heure d'Internet, le passage à l'acte est très éloigné de l'activisme moderniste. Le postulat de l'artiste « je suis la révolution » n'est pas une déclaration terroriste mais un geste minimal visant l'effet papillon. Un geste libre, sûr de soi et respectueux de l'autre. Nulle instrumentalisation idéologique dans ce postulat mais seulement la conscience et la pleine responsabilité de l'homme libre. Nulle violence dans ce choix, mais plutôt une sorte de désinvolture à l'égard des systèmes et un sentiment d'empathie pour tout ce qui est vivant.

A l'heure de l'acte notarié, le passage à l'acte de création se singularise par sa liberté et sa générosité. L'engagement de l'artiste constitue une alternative aux valeurs matérielles de la société de consommation. Les cultures électroniques ont germé à cet égard dans le terreau des cultures urbaines en marge des pouvoirs et des

---

8. Tristan Tzara dans la *revue 391* - Juillet 1920.

9. Mavo, *Manifeste*, 1923.

systèmes. Le développement de l'immatériel dans l'art et la circulation sauvage de l'information (et des œuvres) sont un défi au système capitaliste : le produit tend à disparaître et avec lui la notion de propriété. Le marché est impuissant à retenir ce qui est fluide. Peut-être est-ce là une saine « révolution » ?

Oui, pour moi, être la révolution, c'est « être vivant ». Bien vivant ! Alors pas de violence, pas de bain de sang, mais de la poésie, de la saine subversion, du courage et du rêve. Être vivant aujourd'hui c'est mettre fin à la dévastation du monde. C'est œuvrer à la réconciliation de la subjectivité et de la conscience collective. Être vivant c'est réenchanter le monde.

Cette révolution ne repose plus sur l'espérance futuriste mais sur l'expérience sensible. Experir en latin, c'est périr à soi pour naître dans un soi plus vaste qui est celui de la communauté. C'est une révolution sensible, créative, généreuse. C'est une expérience de la durée, une ouverture intérieure, un élargissement de l'être : *« J'ai choisi le domaine de la douleur et de l'ombre comme d'autres celui du rayonnement et de l'entassement de la matière. Je ne travaille pas dans l'étendue d'un domaine quelconque. Je travaille dans l'unique durée. »*[10].

HISTORIEN DE L'ART NICOLAS CHARLET (1973) EST L'AUTEUR D'UNE THÈSE SUR LES ÉCRITS D'YVES KLEIN À QUI IL A CONSACRÉ PLUSIEURS LIVRES PENSIONNAIRE À LA VILLA MÉDICIS EN 2004, IL Y A RÉUNI LES ÉCRITS DU CRITIQUE D'ART PIERRE RESTANY.
IL DIRIGE DEPUIS 2006 LE FESTIVAL ACCES(S) - CULTURES ÉLECTRONIQUES (PAU).

10. Antonin Artaud, *Fragments d'un Journal d'Enfer*.

PUBLICITÉ

L'exp. Tot, fiction théorique
Dominque Jenvrey
éd. ère, 2006.

Le partage du sensible, esthéthique et politique
Jacques Rancière
La Fabrique-éditions, 2000.

Quant à je (Kantaje)
Katalin Molnár
éd. P.O.L, 1996.

Smoke
Fleur Noguera
DVD, animation de 6mn 48 présentée en boucle. Animateur : Nicolas Lichtié. Composition Musicale : Superpeur. Produit par le Centre d'art la Chapelle Saint-Jacques, Saint-Gaudens, 2008. Édition signée et numérotée, 5O ex.

Théâtre de poche, volume 1 (perspective, retouche, puzzle)
Aurélien Froment
Dublin, Project Press, 2007.
Le premier volume d'une série de publications qui explorent le film éponyme d'Aurélien Froment, *Théâtre de poche* (2007). Contient un entretien avec Benjamin Colboc, architecte, Françoise Richard, retoucheuse d'image et Sophie Ollé-Laprune, fabricante de puzzles. 10 € + frais de port / écrire à la rédaction : tessa@project.ie.

(U)L.S n°0 - Les Trophées
Carte blanche à la Documentation Céline Duval
éd. (Un)Limited Store, 2008.
La photographie produit cette notion d'instantanéité du mouvement par un prélèvement de temps fixé sur le papier. L'équilibre est compris dans cette donnée temporelle éphémère, dans l'intervalle situé entre la formation d'un déplacement corporel et de sa chute. La chute est ce moment précis du déséquilibre, si prévisible dans l'imaginaire du lecteur / spectateur. L'instant photographié révèle des images-trophées qui deviennent ainsi de véritables icônes. La Documentation Céline Duval détourne le journal sportif pour créer une revue d'amateur.
http://unlimitedstore.free.fr

Hypertexte est une revue annuelle éditée par :

Ed Spector

5 rue de l'Industrie
31000 Toulouse
Tél. 06 77 04 75 52
association loi 1901
SIRET *492 063 193 00022*

Ce numéro est donné dans des librairies et des lieux dédiés à la création contemporaine. Il n'est pas déposé à l'accueil des lieux mais donné directement par les responsables des structures / les libraires (sur demande, dans la limite des stocks disponibles).

Lieux de diffusion et de consultation :

Albi (81)
L.A.I.T. - Moulins Albigeois

Bordeaux (33)
Galerie Cortex Athlético

Cajarc (46)
Maison des arts G. Pompidou

Carquefou (44)
FRAC des Pays de la Loire (documentation)

Castres (81)
L.A.I.T. - Hôtel de Viviès

Chatou (78)
Cneai

Grisolles (82)
Musée Calbet

Lectoure (32)
Centre de photographie de Lectoure

Marseille (13)
(Un)limited store
FRAC Paca
Histoire de l'œil
École des beaux-arts de Marseille
Galerie RLBQ
cipm

Nante (44)
Lieu unique (librairie)
Zoo galerie (librairie)

Paris (75)
Galerie Léo Scheer
Institut Polonais
Point Ephémère
Béton salon

Rennes (35)
Galerie Art et essais, Université Rennes II
L'endroit

Saint-Ouen (93)
Mains d'œuvres

Pau (64)
ESAC
Festival Acces(s)

St-Gaudens (31)
Chapelle St-Jacques

Toulouse (31)
École supérieure des beaux-arts (documentation)
Galerie Sollertis
Galerie Exprmntl
Galerie Duplex
Librairie des frères Floury
Librairie des Abattoirs
Librairie Oh les beaux jours
Lieu Commun
Médiathèque des Abattoirs
Bibliothèques et médiathèque de la ville de Toulouse

Tarbes (64)
Le Parvis

Strasbourg (67)
Bibliothèque des Musées de Strasbourg

› vous trouverez la liste des lieux de diffusion mise à jour sur le site : www.projet-hypertexte.com

Pour soutenir le projet Hypertexte et recevoir un numéro chez vous, merci d'adresser vos dons, par chèque libellés à l'ordre de l'association Ed Spector, accompagnés de ce bulletin.

Bulletin à retourner :

Nom, Prénom

Adresse

Tél.

email

Dépôt Légal :
Novembre 2008 (deuxième édition)

Première édition :
Juin 2008 - 1 500 exemplaires imprimés par Policrom (Espagne).

Deuxième édition :
Novembre 2008 - 1 500 exemplaires imprimés par Corlet Imprimeur (France).

ISSN :
1968-2409

ISBN :
978-2-9533449-0-5

EAN :
9782953344905

Graphisme :
Béatrice Méline